第47回　第52回　第60回

聞き取り問題
MP3
付

韓国語能力試験 過去問題集 TOPIK I

NIIED（韓国国立国際教育院）
編集　公益財団法人韓国教育財団
SANSHUSHA

TEST OF PROFICIENCY IN KOREAN

韓国語能力試験（TOPIK）実施にあたって

韓国語能力試験（以下、TOPIK）は、大韓民国政府機関である教育省（文部科学省相当）が認定・実施する唯一の韓国語（ハングル）の語学国家試験です。TOPIK は、韓国語を母語としない在外同胞や韓国語を学ぶ外国人に対して学習の方向性を提示し、かつ韓国語の普及及び拡大を図ることを目的としております。

本試験は、どなたでも受験ができ、幅広い年齢層の方が受験しております。2020 年は新型コロナの影響によりほぼ実施ができませんでしたが、翌年には 2019 年と比較すると 1.5 倍に受験者が増え、4 万人以上を記録しました。韓流というブームの影響も非常に大きかったとは思いますが、試験会場の数を拡大したことで受験者のアクセス性を高め、運営側としてはマニュアルの強化、近年に至っては Twitter や Instagram、YouTube チャンネルの開設など、SNS を通した情報発信などさまざまな取り組みを行った点も要因と考えられます。

また、本試験の結果は、学校での単位の認定、奨学金の受給や韓国留学、企業における職員採用や人事考課の評価基準など、さまざまなところで活用されています。なお、日本政府観光局が行う通訳案内士試験では、TOPIK 6 級合格者は韓国語科目試験が免除されます。

ただ、このような目的以外でもご自身の学習成果の確認といった趣味の延長で受験される方が 7 割もいるのは日本独特の大きな特徴です。

このように多様な目的を持つ韓国語学習者をはじめ、韓国語を指導する方にもより良い環境づくりをすべく今後とも邁進いたします。

主催：　大韓民国教育省
　　　　国立国際教育院（NIIED）
主管：　駐日本国大韓民国大使館
　　　　公益財団法人韓国教育財団

第 90 回
受験申請　2023 年 7 月11日（火）～ 7 月 25 日（火）15 時まで
試験日　2023 年10月15日（日）
結果発表日　2023 年11月30日（木）　15 時から

音声について

本書の付属 MP3 には以下のものが収録されています。

第 47 回聞き取り問題（1 ～ 30）

　ファイル名　01_47th_TOPIK I.mp3 ～ 30_47th_TOPIK I.mp3

第 52 回聞き取り問題（1 ～ 30）

　ファイル名　01_52nd_TOPIK I.mp3 ～ 30_52nd_TOPIK I.mp3

第 60 回聞き取り問題（1 ～ 30）

　ファイル名　01_60th_TOPIK I.mp3 ～ 30_60th_TOPIK I.mp3

＊出題番号とファイル名の冒頭の番号は一致しています。

＊答えを解き､記入するためのポーズも収録してあります（実際の試験と同じ時間です）。

＊すべての問題は 2 回読み上げられます。

聞き取り問題 25 ～ 26 について

・最初に韓国語の文が 2 回読み上げられ、その後「25 번」と問題番号が読みあげられます。その後は答えを解き、記入するためのポーズになっています。

・その次の音声ファイルでは「26 번」という番号のみが読み上げられ、その後はポーズになっています（番号以外は収録されていません）。

・聞き取り問題 27 ～ 28, 29 ～ 30 も同様です。

MP3 データ入りの CD です。パソコン、MP3 対応 CD プレーヤーなどで再生ができます。通常のオーディオプレーヤーでは再生できませんので、ご注意ください。

目　次

試験日程と評価基準

TOPIKは願書受付から成績の結果照会まで約4か月かかります。TOPIKの合格証明書や成績を必要とする受験者は、このような点を考慮して、詳細試験スケジュールを確認して対応する必要があります。合格基準や評価基準もレベルによって異なるため、高得点を目指す受験者や韓国語指導をされる先生は、普段から関連する内容を熟知しておくことが望ましいと思われます。

1. 試験の日程

日本では、TOPIKは年3回（4月・7月・10月）実施しております。各試験の願書受付は、試験日を基準とすると3か月ほど前から開始し、約2週間に渡って財団ホームページより受付します。受験票は原則ネットで確認していただきます。成績は、試験日より1か月後に韓国のウェブサイトにて照会ができ、印刷も可能です。印刷された成績証明書は、原本と同等の効力があるので急ぎで必要な方はこちらをご利用ください。

試験の時間割り

		試験領域	入室時間	開始時刻	終了時刻	試験時間
TOPIK Ⅰ	1時間目	聞き取り	9:30	10:00	11:40	1時間40分
		読　解				
TOPIK Ⅱ	1時間目	聞き取り	12:30	13:00	14:50	1時間50分
		筆　記				
	2時間目	読　解	15:10	15:20	16:30	1時間10分

2. 評価基準

TOPIK Ⅰ と TOPIK Ⅱの評価基準を要約すると、TOPIK Ⅰの１級と２級は簡単な日常会話ができるレベル、TOPIK Ⅱの３級と４級は公共施設の利用と社会的関係形成ができるレベル、５級と６級の専門分野の研究や業務遂行が出来るレベルとなります。

各級別の評価基準

評価等級		評価基準
TOPIK I (初級)	1 級	・自己紹介、買い物、飲食店での注文など生活に必要な基礎的な言語を駆使でき、身近な話題の内容を理解、表現できる。 ・約800語程度の基礎的な語彙と基本文法を理解でき、簡単な文章を作れる。 ・簡単な生活文や実用文を理解し、構成できる。
TOPIK I (初級)	2 級	・電話やお願い程度の日常生活に必要な言語や、郵便局、銀行などの公共機関での会話ができる。 ・約1,500～2,000語程度の語彙を用いた文章を理解でき、使用できる。 ・公式的な状況か非公式的な状況かの言語を区分し、使用できる。
TOPIK II (中上級)	3 級	・日常生活を問題なく過ごせ、様々な公共施設の利用や社会的関係を維持するための言語使用が可能。 ・文章語と口語の基本的な特性を区分し理解、使用が可能。
TOPIK II (中上級)	4 級	・公共施設の利用や社会的関係の維持に必要な言語機能を遂行することができ、一般的な業務に必要な機能を実行できる。 ・ニュースや新聞をある程度理解でき、一般業務に必要な言語が使用可能。 ・よく使われる慣用句や代表的な韓国文化に対する理解をもとに社会・文化的な内容の文章を理解でき、使用できる。
TOPIK II (中上級)	5 級	・専門分野においての研究や業務に必要な言語をある程度理解と使用ができ、政治・経済・社会・文化などの全般に渡った身近なテーマについて理解し、使用できる。 ・公式的、非公式的且つ口語、文語的な脈絡に関する言語を適切に区分し、使用できる。
TOPIK II (中上級)	6 級	・専門分野における研究や業務遂行に必要な言語機能を比較的正確に、流暢に使用でき、政治・経済・社会・文化などの全般的なテーマにおいて身近でないテーマに対しても不便なく使用できる。 ・ネイティブ程度まではないが、自己表現を問題なく話すことができる。

3. 合格基準

TOPIKの合格基準を級別に分けると次のとおりです。

まず、TOPIKの合格基準を百分率で換算すると、TOPIK Ⅰの場合、1級40.0%、2級70.0%に該当し、TOPIK Ⅱの場合は3級40.0%、5級50.0%、6級63.4%、5級76.7%以上を取得しなければなりません。

各級別の合格基準

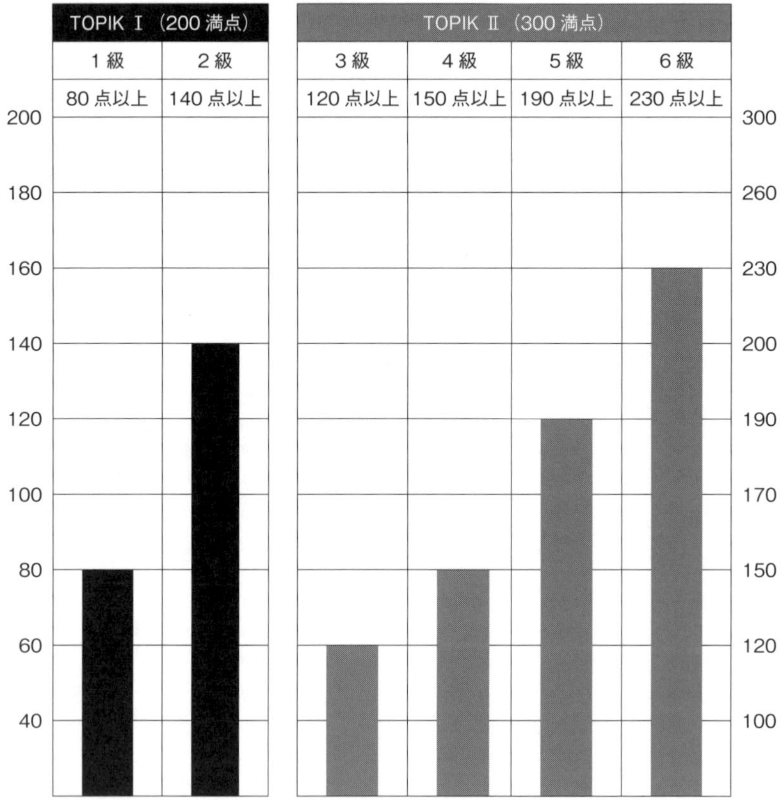

TOPIK 試験対策のための提案

TOPIK は 2014 年下半期から、従来 TOPIK 初級、TOPIK 中級、TOPIK 上級の 3 段階であったものが、TOPIK Ⅰ（1、2 級）と TOPIK Ⅱ（3、4、5、6 級）の 2 段階に変更されました。それにより、従来の中級レベルの受験者は TOPIK Ⅱを受験するため、これまでより難しい試験問題に接しなければならなくなり、学習の方向性に迷いや負担を感じているのではないでしょうか。そこで、ここでは中級レベルの受験者の負担を減らしてもらうため、第 64 回試験問題の類型の分析を通じて、受験者が目指すレベルごとに試験対策を提案します。

1. 聞き取り

聞き取り問題の主な構成は次のとおりとなります。同問題は全て対話を聞き取り質問に答える形式です。

問題の構成

	出題の傾向
1	対話の内容と合う絵を選択
2	対話を完成する
3	対話の後に続く男 or 女の行動を選択
4	対話の内容と一致する例を選択
5	対話の男 or 女の中心となる考えを選択
6	対話の内容を聞いて問いに答える （男 or 女の意図は、教養プログラム、談話、講演、ドキュメンタリーなど）

この内、韓国語の教育現場からの質問が多い TOPIK Ⅱについて重点的に本手引きで紹介します。次のページにある表を参考にしてみてください。

例えば、3 級に合格するためには 1 番から 20 番までの問題を中心に、4 級には 1 番から 30 番まで、5 級には 40 番まで、6 級には 50 番までの問題を学習することを効率的な方法として提案します。以下、「読解問題」、「筆記問題」も同様です。（各表左にある「合格の目安」を参考）

問題の詳細

合格の目安	問題の内容	詳細	問題数(各 2 点)
〜3級 〜4級 〜5級 〜6級	内容に合う絵	対話の内容と合う絵を選択	2 問(1 〜 2)
	グラフ	対話の内容と合うグラフを選択	1 問(3)
	対話の続き	対話の後に続く言葉、場所を選択	5 問(4 〜 8)
	続く行動	対話の後に続く行動	4 問(9 〜 12)
	内容一致	知人との会話、案内放送、ニュース、インタビュー	4 問(13 〜 16)
	内容の中心的な考え	17 〜 19 の対話、20 番のインタビューの中心的な考えを把握	4 問(17 〜 20)
	公的対話	公的対話の中心的な考えを選択	2 問(21 〜 22)
	公共施設での業務	公共施設での業務内容を選択	2 問(23 〜 24)
	インタビュー	インタビュー内容と合うものを選択	2 問(25 〜 26)
	意見や議論	意見や議論の内容と合うものを選択	2 問(27 〜 28)
	インタビュー	インタビューの主人公は誰なのか、また内容と合うものを選択	2 問(29 〜 30)
	ディスカッション	ディスカッションの内容と合うものを選択	2 問(31 〜 32)
	講演	講演内容と合うものを選択	2 問(33 〜 34)
	現場での演説	現場での演説内容と合うものを選択	2 問(35 〜 36)
	教養プログラム	教養プログラム内容と合うものを選択	2 問(37 〜 38)
	対談	対談内容と合うものを選択	2 問(39 〜 40)
	講演の中心的な考え	講演内容と合うものを選択	2 問(41 〜 42)
	ドキュメンタリー	中心的な考え選択 & 内容と合うものを選択	2 問(43 〜 44)
	講演の詳細な内容	内容と一致するもの選択 & 内容と合うものを選択	2 問(45 〜 46)
	対談	内容と一致するもの選択 & 男性 or 女性の行動選択	2 問(47 〜 48)
	講演	講演内容と一致するもの選択 & 男性 or 女性の行動選択	2 問(49 〜 50)

2. 筆記

筆記問題は実用文、説明文などの形式で出題され、日常生活で必要な表現から社会的な問題などを中心に、短長文で出題されています。日本の受験者の TOPIK の成績は世界的にみても最も優秀ですが、作文でつまづく方が多い傾向があるので、緻密な対策が必要です。

問題の構成

	出題の傾向
1	実用文　個人的 or 案内文の文章完成（短い文章）
2	説明文完成（短い文章）
3	表 or グラフ説明（200 字～ 300 字）
4	社会的な問題について述べる（600 字～ 700 字）

筆記問題は対話の構成能力から文章の形式性まで多様な方法で評価するので、日常生活のなかで基本的な表現法などに慣れるように準備しながら、日頃から反復して練習しておくことが大事です。

問題の詳細

合格の目安	問題の内容	詳細	配点	問題数
〜3級 〜5級 〜6級	メール、お知らせなど	個人、案内文を完成する（短い文章）	10 点	1 問(51)
〜3級 〜5級 〜6級	説明文	説明文を完成する（短い文章）	10 点	1 問(52)
〜5級 〜6級	表、グラフ	表、グラフを説明する (200 字～ 300 字)	30 点	1 問(53)
〜6級	社会的イシュー	社会的問題について自分の考えを述べる (600 字～ 700 字)	50 点	1 問(54)

3. 読解

読解問題は、文や図の理解、核心内容の把握、文章の正しい配置など次のように9つの類型で出題されています。

問題の構成

	出題の傾向
1	指示文が表すものを選択
2	文や図に合うものを選択
3	正しい順番に並べる
4	空欄に入る内容
5	新聞記事の見出しの解釈
6	内容と一致するものを選択
7	文章の主題
8	文章が入る位置
9	問いに答える

問題の詳細

出題傾向を具体的に見ると、読解問題は文法、類似表現の選択、案内文や新聞の説明文の核心となる内容についての意味の把握など、多様な形態で出題されていることが分かります。長い文章も多いので日頃の練習が重要ですが、試験時間の確保のため、場合によっては問題の選択と集中など戦略的アプローチも必要です。

合格の目安	問題の内容	詳細	問題数(各２点)
〜3級 〜4級 〜5級 〜6級	正しい文法	空欄に入る表現を選択	2問(1 〜 2)
	似ている表現	意味の似ている表現を選択	2問(3 〜 4)
	広告、案内文の意味把握	広告、案内文の意味と一致するものを選択	4問(5 〜 8)
	案内文やグラフの意味把握	案内文やグラフが意味するものを選択	2問(9 〜 10)
	新聞記事の意味把握	新聞記事が意味するものを選択	2問(11 〜 12)
	文の順番を正しく並べる	４つの文を正しい順番にする	3問(13 〜 15)
	空欄に入る内容	空欄に入る内容を選択	3問(16 〜 18)
	説明文の意味把握	説明文と一致するものを選択	2問(19 〜 20)
	説明文の意味把握	文章の中心的考え、慣用表現、ことわざを選択	2問(21 〜 22)
	日記やエッセイの意味把握	登場人物の気分や内容と一致するものを選択	2問(23 〜 24)
	新聞記事の見出し把握	新聞記事の見出しに合った説明を選択	3問(25 〜 27)
	空欄に入る内容	中文（5行〜６行）の空欄に入る内容を選択	4問(28 〜 31)
	説明文の内容把握	中文（5行〜６行）の内容と一致するものを選択	3問(32 〜 34)
	文の主題把握	中文（5行〜６行）の主題として一番いいものを選択	4問(35 〜 38)
	文の位置選択	提示した文章が入る位置を選択	3問(39 〜 41)
	問いに答える	長文（10行〜 16行）の内容と一致するもの選択	9問(42 〜 50)

設問文について

韓国語能力試験の設問はすべて韓国語で表記されています。設問の意図を理解するために日本語訳を挙げておきます。学習の参考にしてください。

듣기（聞き取り問題）

〔1 ~ 4〕 다음을 듣고 < 보기 > 와 같이 물음에 맞는 대답을 고르십시오 .

次の（音声）を聞いて <例> のように質問にあった回答を選んでください。

〔5 ~ 6〕 다음을 듣고 < 보기 > 와 같이 이어지는 것을 고르십시오 .

次の（音声）を聞いて <例> のようにつながるものを選んでください。

〔7 ~ 10〕 여기는 어디입니까 ? < 보기 > 와 같이 알맞은 것을 고르십시오 .

ここはどこですか。<例> のように適切なものを選んでください。

〔11 ~ 14〕 다음은 무엇에 대해 말하고 있습니까 ? < 보기 > 와 같이 알맞은 것을 고르십시오 .

次の（文章）は何に関する会話ですか。<例> のように適切なものを選んでください。

〔15 ~ 16〕 다음 대화를 듣고 알맞은 그림을 고르십시오 . (각 4 점)

次の会話を聞いて当てはまる絵を選んでください。(各 4 点)

〔17 ~ 21〕 다음을 듣고 < 보기 > 와 같이 대화 내용과 같은 것을 고르십시오 . (각 3 점)

次の（音声）を聞いて <例> のように会話の内容と当てはまるものを選んでください。(各 3 点)

〔22 ~ 24〕 다음을 듣고 여자의 중심 생각을 고르십시오 . (각 3 점)

次の（音声）を聞いて女性の主な考えを選んでください。(各 3 点)

〔25 ~ 26〕다음을 듣고 물음에 답하십시오 .
次の（音声）を聞いて質問に答えてください。

〔27 ~ 28〕다음을 듣고 물음에 답하십시오 .
次の（音声）を聞いて質問に答えてください。

〔29 ~ 30〕다음을 듣고 물음에 답하십시오 .
次の（音声）を聞いて質問に答えてください。

읽기（読解問題）

〔31 ~ 33〕무엇에 대한 이야기입니까 ? < 보기 > 와 같이 알맞은 것을 고르십시오 . (각 2 점)
何に関する文章ですか。<例>のように適切なものを選んでください。

〔34 ~ 39〕< 보기 > 와 같이 ( ) 에 들어갈 가장 알맞은 것을 고르십시오 .
<例>と同様に（　）に入るもっとも適切なものを選んでください。

〔40 ~ 42〕다음을 읽고 맞지 않는 것을 고르십시오 . (각 3 점)
次の（文章）を読んでふさわしくないものを選んでください。(各 3 点)

〔43 ~ 45〕다음의 내용과 같은 것을 고르십시오 .
次の内容と同じものを選んでください。

〔46 ~ 48〕다음을 읽고 중심 생각을 고르십시오 .
次の（文章）を読んで主な考えを選んでください。

〔49 ~ 50〕다음을 읽고 물음에 답하십시오 . (각 2 점)
次の（文章）を読んで質問に答えてください。(各 2 点)

〔51 ~ 52〕다음을 읽고 물음에 답하십시오 .
次の（文章）を読んで質問に答えてください。

〔51 ~ 52〕다음을 읽고 물음에 답하십시오.

次の（文章）を読んで質問に答えてください。

〔53 ~ 54〕다음을 읽고 물음에 답하십시오.

次の（文章）を読んで質問に答えてください。

〔55 ~ 56〕다음을 읽고 물음에 답하십시오.

次の（文章）を読んで質問に答えてください。

〔57 ~ 58〕다음을 순서대로 맞게 나열한 것을 고르십시오.

次の（文章）を順序通りに並んだものを選んでください。

〔59 ~ 60〕다음을 읽고 물음에 답하십시오.

次の（文章）を読んで質問に答えてください。

〔61 ~ 62〕다음을 읽고 물음에 답하십시오. (각 2 점)

次の（文章）を読んで質問に答えてください。(各 2 点)

〔63 ~ 64〕다음을 읽고 물음에 답하십시오.

次の（文章）を読んで質問に答えてください。

〔65 ~ 66〕다음을 읽고 물음에 답하십시오.

次の（文章）を読んで質問に答えてください。

〔67 ~ 68〕다음을 읽고 물음에 답하십시오. (각 3 점)

次の（文章）を読んで質問に答えてください。(各 3 点)

〔69 ~ 70〕다음을 읽고 물음에 답하십시오. (각 3 점)

次の（文章）を読んで質問に答えてください。(各 3 点)

TOPIK

Test of Proficiency In Korean

第 47 回 TOPIK I

聞き取り問題
30 問　40 分

読解問題
40 問　60 分

유 의 사 항
Information

1. 시험 시작 지시가 있을 때까지 문제를 풀지 마십시오.
   Do not open the booklet until you are allowed to start.

2. 수험번호와 이름을 정확하게 적어 주십시오.
   Write your name and registration number on the answer sheet

3. 답안지를 구기거나 훼손하지 마십시오
   Do not fold the answer sheet: keep it clean.

4. 답안지의 이름, 수험번호 및 정답의 기입은 배부된 펜을 사용하여 주십시오.
   Use the given pen only.

5. 정답은 답안지에 정확하게 표시하여 주십시오.
   Mark your answer accurately and clearly on the answer sheet
   marking example ① ● ③ ④

6. 문제를 읽을 때에는 소리가 나지 않도록 하십시오.
   Keep quiet while answering the questions.

7. 질문이 있을 때에는 손을 들고 감독관이 올 때까지 기다려 주십시오.
   When you have any questions, please raise your hand

듣기 Listening TOPIK Ⅰ 제47회 1교시

1 ~ 30번 문항

[1 ~ 4] **다음을 듣고 <보기>와 같이 물음에 맞는 대답을 고르십시오.**

〈보 기〉

가 : 공부를 해요?

나 : ______________

❶ 네, 공부를 해요.　② 아니요, 공부예요.

③ 네, 공부가 아니에요.　④ 아니요, 공부를 좋아해요.

1. (4점)

① 네, 책이에요.　② 아니요, 책이 있어요.

③ 네, 책이 많아요.　④ 아니요, 책이 좋아요.

2. (4점)

① 네, 주스가 없어요.　② 아니요, 주스를 좋아해요.

③ 네, 주스가 아니에요.　④ 아니요, 주스를 안 마셔요.

3. (3점)

① 내일 만나요.　② 교실에서 만나요.

③ 학생을 만나요.　④ 동생하고 만나요.

4. (3점)

① 지금 가요.　② 학교에 가요.

③ 버스로 가요.　④ 선생님이 가요.

[5 ~ 6] 다음을 듣고 <보기>와 같이 다음 말에 이어지는 것을 고르십시오.

〈보 기〉

가 : 안녕히 계세요.
나 : ______________________

① 들어오세요.　　② 어서 오세요.
③ 안녕히 계세요.　　❹ 안녕히 가세요.

5. (4점)

① 잘 먹겠습니다.　　② 잘 지냈습니다.
③ 정말 오랜만입니다.　　④ 만나서 반갑습니다.

6. (3점)

① 고맙습니다.　　② 그렇습니다.
③ 환영합니다.　　④ 축하합니다.

[7 ~ 10] 여기는 어디입니까? <보기>와 같이 알맞은 것을 고르십시오.

〈보 기〉

가 : 내일까지 숙제를 꼭 내세요.
나 : 네, 선생님.

① 역　　② 공항　　❸ 교실　　④ 가게

7. (3점)
① 식당　　② 꽃집　　③ 극장　　④ 약국

8. (3점)
① 시장　　② 은행　　③ 기차역　　④ 운동장

9. (3점)

① 병원　② 회사　③ 도서관　④ 우체국

10. (4점)

① 공원　② 교회　③ 빵집　④ 서점

[11 ~ 14] **다음은 무엇에 대해 말하고 있습니까? <보기>와 같이 알맞은 것을 고르십시오.**

〈보 기〉

가 : 이 아파트에 살아요?

나 : 네. 5층에 살아요.

① 일　❷ 집　③ 주소　④ 달력

11. (3점)

① 가족　② 나라　③ 나이　④ 이름

12. (3점)

① 메뉴　② 시계　③ 신발　④ 요일

13. (4점)

① 계절　② 약속　③ 음식　④ 장소

14. (3점)

① 기분　② 계획　③ 날씨　④ 시간

[15 ~ 16] **다음 대화를 듣고 알맞은 그림을 고르십시오.** (각 4점)

15.

①

②

③

④

16.

①

②

③

④

[17 ~ 21] **다음을 듣고 <보기>와 같이 대화 내용과 같은 것을 고르십시오.** (각 3점)

〈보 기〉

남자: 요즘 한국어를 공부해요?
여자: 네. 한국 친구한테서 한국어를 배워요.

① 남자는 학생입니다.
② 여자는 학교에 다닙니다.
③ 남자는 한국어를 가르칩니다.
❹ 여자는 한국어를 공부합니다.

17.
① 여자는 버스표를 샀습니다.
② 남자는 버스를 타고 있습니다.
③ 여자는 지금 부산에 있습니다.
④ 남자는 부산에 가려고 합니다.

18.
① 남자는 주말에 시간이 없습니다.
② 여자는 요즘 운동을 하고 있습니다.
③ 남자는 테니스를 배운 적이 있습니다.
④ 여자는 테니스를 가르칠 수 없습니다.

19.
① 여자는 전화로 갈비탕을 주문했습니다.
② 남자는 저녁 식사를 예약하고 있습니다.
③ 두 사람은 같이 저녁을 먹으려고 합니다.
④ 두 사람은 식당에서 이야기하고 있습니다.

20.
① 두 사람은 외국에서 공부할 겁니다.
② 두 사람은 회사에 다니고 있습니다.
③ 여자는 취직 준비를 하고 있습니다.
④ 남자는 작년에 학교를 졸업했습니다.

21.
① 남자는 한옥마을에서 살고 있습니다.
② 여자는 한옥마을을 자주 구경합니다.
③ 남자는 여자와 함께 한옥마을에 갔습니다.
④ 여자는 한옥마을에서 자 본 적이 없습니다.

[22 ~ 24] **다음을 듣고 <u>여자</u>의 중심 생각을 고르십시오.** (각 3점)

22.
① 휴가는 가족과 함께 보내야 합니다.
② 여행을 가서 책을 읽는 게 좋습니다.
③ 휴가 때는 집에서 쉬는 게 좋습니다.
④ 여행을 갈 때 계획을 세워야 합니다.

23.
① 일이 힘들면 천천히 해야 합니다.
② 급한 일을 먼저 하는 게 좋습니다.
③ 서로 도와주면서 일을 해야 합니다.
④ 일이 많으면 쉬면서 하는 게 좋습니다.

24.
① 단 음식은 건강에 좋지 않습니다.
② 피곤하면 잠을 자는 게 좋습니다.
③ 건강을 위해서 사탕을 줄여야 합니다.
④ 피곤할 때 단 음식을 먹으면 좋습니다.

[25 ~ 26] **다음을 듣고 물음에 답하십시오.**

25. **여자가 왜 이 이야기를 하고 있는지 고르십시오.** (3점)

① 기숙사 청소 방법을 설명하려고
② 기숙사 건물 위치를 안내하려고
③ 기숙사 생활 규칙을 말해주려고
④ 기숙사 계단 청소를 알려주려고

26. **들은 내용과 같은 것을 고르십시오.** (4점)

① 청소하는 동안 계단을 이용할 수 없습니다.
② 이번 주에 학생들은 기숙사를 나가야 합니다.
③ 기숙사 계단에 있는 물건을 만지면 안 됩니다.
④ 금요일 하루 종일 기숙사를 청소할 계획입니다.

[27 ~ 28] **다음을 듣고 물음에 답하십시오.**

27. **두 사람이 무엇에 대해 이야기를 하고 있는지 고르십시오.** (3점)

① 아침 식사를 하는 시간
② 회사에서 먹는 아침 식사
③ 회사 식당에서 파는 음식
④ 아침 식사를 하면 좋은 이유

28. **들은 내용과 같은 것을 고르십시오.** (4점)

① 여자는 집에서 아침을 먹습니다.
② 남자는 가족과 함께 살고 있습니다.
③ 여자는 아직 이메일을 못 봤습니다.
④ 남자는 매일 아침을 먹고 출근합니다.

[29 ~ 30] **다음을 듣고 물음에 답하십시오.**

29. **여자가 기타 연습을 자주 못하는 이유를 고르십시오.** (3점)
① 기타치는 것을 안 좋아해서
② 기타를 연습할 시간이 없어서
③ 기타 연습하는 것을 잊어 버려서
④ 기타를 가르쳐 주는 사람이 없어서

30. **들은 내용과 같은 것을 고르십시오.** (4점)
① 여자는 기타를 잘 칠 수 있습니다.
② 여자는 남자에게 기타를 가르칩니다.
③ 여자는 텔레비전을 자주 보지 않습니다.
④ 여자는 기타를 잘 보이는 곳에 둘 겁니다.

– 1교시 / 듣기시험이 끝났습니다. 다음은 읽기 시험입니다.–

읽기 Reading TOPIK Ⅰ 제47회 1교시

31~70번 문항

[31~33] **무엇에 대한 이야기입니까? <보기>와 같이 알맞은 것을 고르십시오.** (각 2점)

〈보 기〉

아버지는 의사입니다. 어머니는 은행원입니다.

① 주말　　❷ 부모　　③ 병원　　④ 오빠

31.
비빔밥이 맛있습니다. 불고기도 맛있습니다.

① 나라　　② 요일　　③ 시간　　④ 음식

32.
민수 씨는 학생을 가르칩니다. 영어 선생님입니다.

① 가족　　② 나이　　③ 이름　　④ 직업

33.
운동을 좋아합니다. 농구를 자주 합니다.

① 날씨　　② 장소　　③ 취미　　④ 쇼핑

[34 ~ 39] <보기>와 같이 (　　　)에 들어갈 가장 알맞은 것을 고르십시오.

〈보 기〉

날씨가 좋습니다. (　　　)이 맑습니다.

① 눈　　② 밤　　❸ 하늘　　④ 구름

34. (2점)

(　　　)에 갑니다. 소포를 보냅니다.

① 극장　　② 식당　　③ 도서관　　④ 우체국

35. (2점)

머리가 (　　　). 그래서 약을 먹습니다.

① 아픕니다　　② 짧습니다　　③ 예쁩니다　　④ 좋습니다

36. (2점)

시장에 갑니다. 고기(　　　) 채소를 삽니다.

① 와　　② 만　　③ 까지　　④에서

37. (3점)

여름입니다. 날씨가 (　　　) 덥습니다.

① 아까　　② 아주　　③ 먼저　　④ 어서

38. (3점)

오늘은 제 생일입니다. 친구들을 (　　　　).

① 좋아했습니다　　② 초대했습니다　　③ 가르쳤습니다　　④ 구경했습니다

39. (2점)

언니는 춤을 배웠습니다. 춤을 잘 (　　　　).

① 춥니다　　② 씁니다　　③ 탑니다　　④ 칩니다

[40 ~ 42] **다음을 읽고 맞지 않는 것을 고르십시오.** (각 3점)

40.

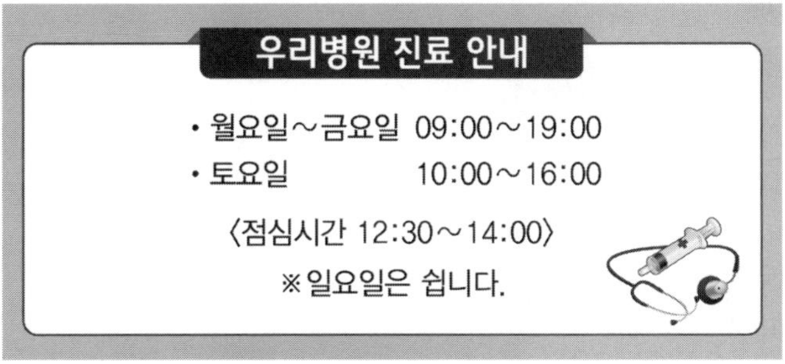

① 일요일에 문을 안 엽니다.
② 토요일은 네 시에 끝납니다.
③ 점심시간은 두 시까지입니다.
④ 수요일은 열 시에 시작합니다.

41.

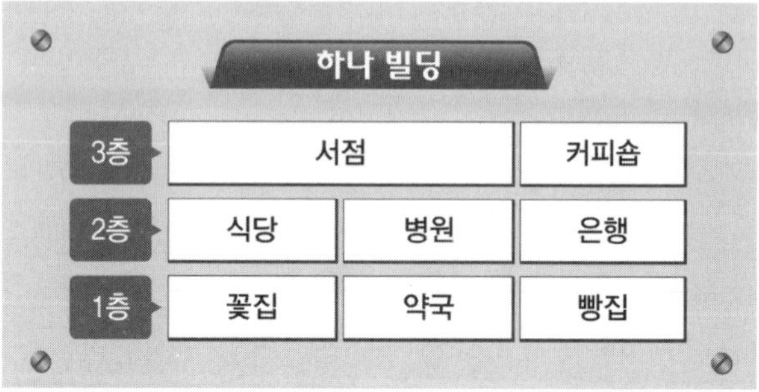

① 꽃집은 일 층에 있습니다.
② 커피숍 옆에 서점이 있습니다.
③ 은행 아래에 빵집이 있습니다.
④ 병원과 약국은 같은 층에 있습니다.

42.

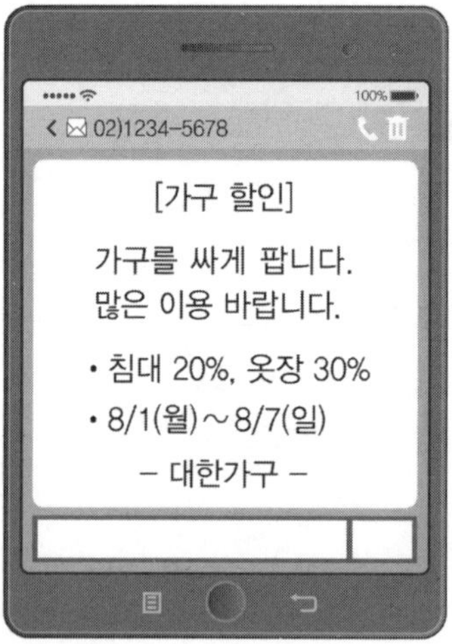

① 일주일 동안 할인합니다.
② 옷장은 30% 할인합니다.
③ 세 가지 가구를 할인합니다.
④ 대한가구에서 보낸 메시지입니다.

[43 ~ 45] **다음의 내용과 같은 것을 고르십시오.**

43. (3점)

저는 오늘 이사를 했습니다. 친구가 도와줘서 이사가 금방 끝났습니다. 새집에서 친구와 저녁을 먹었습니다.

① 친구가 이사를 했습니다.
② 제가 친구를 도와줬습니다.
③ 지난주에 이사를 했습니다.
④ 이사한 집에서 식사를 했습니다.

44. (2점)

오후부터 비가 왔습니다. 저는 우산이 없어서 걱정을 했습니다. 그런데 언니가 우산을 가지고 학교 앞에서 기다리고 있었습니다.

① 아침에 비가 내렸습니다.
② 저는 언니를 기다렸습니다.
③ 학교 앞에 언니가 있었습니다.
④ 저는 학교에 우산을 가지고 왔습니다.

45. (3점)

오늘 동생과 약속이 있었습니다. 그런데 지하철을 잘못 타서 약속 장소에 늦게 도착했습니다. 동생은 화가 많이 났습니다.

① 저는 동생을 못 만났습니다.
② 저는 약속 시간에 늦었습니다.
③ 저는 약속 장소를 몰랐습니다.
④ 저는 동생을 많이 기다렸습니다.

[46 ~ 48] **다음을 읽고 중심 생각을 고르십시오.**

46. (3점)

저는 노래를 못합니다. 그런데 제 친구는 노래를 정말 잘합니다. 저도 그 친구처럼 되고 싶습니다.

① 저는 가수가 되고 싶습니다.
② 저는 노래를 잘하고 싶습니다.
③ 저는 친구의 노래를 듣고 싶습니다.
④ 저는 친구와 노래를 부르고 싶습니다.

47. (3점)

오늘 옷 가게에서 치마를 하나 샀습니다. 치마의 디자인이 정말 멋있습니다. 길이도 짧지 않아서 좋습니다.

① 요즘 짧은 치마가 유행입니다.
② 저는 그 옷 가게에 자주 갈 겁니다.
③ 저는 오늘 산 치마가 마음에 듭니다.
④ 치마의 디자인은 중요하지 않습니다.

48. (2점)

저는 오랜만에 고등학교 졸업 사진을 봤습니다. 사진을 보는 동안 친한 친구가 많이 생각났습니다. 오늘 그 친구에게 전화할 겁니다.

① 저는 친구가 보고 싶습니다.
② 저는 친구의 전화를 받고 싶습니다.
③ 저는 친구와 학교에 가려고 합니다.
④ 저는 친구와 사진을 찍으려고 합니다.

[49～50] **다음을 읽고 물음에 답하십시오.** (각 2점)

우리 형은 혼자 여행을 자주 갑니다. 여행하면서 아름다운 경치를 보면 (㉠). 그리고 그것을 가족이나 친구들에게 선물합니다. 형이 그린 곳은 모두 멋있습니다. 형은 오늘 저에게 예쁜 바다 그림을 주었습니다. 저도 그곳에 한번 가 보고 싶습니다.

49. **㉠에 들어갈 알맞은 말을 고르십시오.**

① 글을 씁니다
② 엽서를 삽니다
③ 그림을 그립니다
④ 사진을 찍습니다

50. **이 글의 내용과 같은 것을 고르십시오.**

① 형은 보통 가족과 여행을 갑니다.
② 저는 오늘 형에게 선물을 받았습니다.
③ 저는 이번에 바다로 여행을 갔습니다.
④ 형은 여행을 가서 가족의 선물을 삽니다.

[51 ~ 52] **다음을 읽고 물음에 답하십시오.**

> 레몬은 요리에 많이 사용됩니다. 사람들은 레몬으로 차를 만들어서 마시기도 합니다. 레몬은 하얀 옷을 (㉠) 사용할 수도 있습니다. 레몬을 쓰면 옷이 더 하얗게 됩니다. 레몬은 이렇게 우리 생활에서 다양하게 사용됩니다.

51. **㉠에 들어갈 알맞은 말을 고르십시오.** (3점)

① 빨고 ② 빨 때 ③ 빨아서 ④ 빤 후에

52. **무엇에 대한 이야기인지 맞는 것을 고르십시오.** (2점)

① 레몬의 맛과 색 ② 레몬을 먹는 이유
③ 레몬으로 할 수 있는 일 ④ 레몬으로 차를 만드는 방법

[53 ~ 54] **다음을 읽고 물음에 답하십시오.**

> 지난 주말에 친구들과 같이 야구장에 갔습니다. 집에서 텔레비전으로 야구를 본 적은 많았지만 야구장에 간 것은 처음이었습니다. 그곳에는 사람들이 정말 많았습니다. 우리는 경기를 보면서 치킨도 먹고 함께 노래도 불렀습니다. 텔레비전으로 경기를 보는 것보다 (㉠) 더 재미있었습니다.

53. **㉠에 들어갈 알맞은 말을 고르십시오.** (2점)

① 주말에 잠자는 것이
② 경기를 해 보는 것이
③ 친구 집에 가는 것이
④ 야구장에서 보는 것이

54. **이 글의 내용과 같은 것을 고르십시오.** (3점)

① 저는 야구장에 처음 가 봤습니다.
② 야구장에서는 음식을 먹을 수 없습니다.
③ 경기를 본 후에 치킨을 먹으러 갔습니다.
④ 야구를 보러 온 사람이 별로 없었습니다.

[55 ~ 56] **다음을 읽고 물음에 답하십시오.**

우리 집 고양이 이름은 미미입니다. 6개월 전에 제가 퇴근해서 집에 돌아올 때 길에서 만났습니다. 그때 미미는 다리를 다쳐서 힘들어 보였습니다. 그리고 배도 고픈 것 같았습니다. 저는 미미를 집으로 데려와서 밥을 주고 약도 발라 주었습니다. 처음에 미미는 저한테 가까이 오지 않았습니다. 하지만 이제는 (㉠).

55. **㉠에 들어갈 알맞은 말을 고르십시오.** (2점)
① 밥을 잘 먹습니다
② 새 이름이 생겼습니다
③ 집으로 돌아갔습니다
④ 저와 있는 것을 좋아합니다

56. **이 글의 내용과 같은 것을 고르십시오.** (3점)
① 저는 다친 고양이를 도와주었습니다.
② 저는 여섯 달 전에 고양이를 샀습니다.
③ 저는 길에서 고양이를 잃어버렸습니다.
④ 저는 처음부터 고양이와 친하게 지냈습니다.

[57 ~ 58] **다음을 순서대로 맞게 나열한 것을 고르십시오.**

57. (3점)

(가) 하지만 지금은 이 일이 아주 재미있습니다. (나) 처음 이 일을 시작했을 때는 힘들었습니다. (다) 저는 작년부터 자동차 파는 일을 하고 있습니다. (라) 손님들과 이야기하는 것이 부끄러웠기 때문입니다.

① (나)-(다)-(가)-(라)
② (나)-(라)-(가)-(다)
③ (다)-(가)-(나)-(라)
④ (다)-(나)-(라)-(가)

58. (2점)

(가) 자전거를 빌려 주는 곳은 모두 열두 곳입니다. (나) 신분증이 없으면 전화번호를 알려 주면 됩니다. (다) 한강공원에서는 자전거를 빌려서 탈 수 있습니다. (라) 이 중 한 곳에 가서 신분증을 내면 자전거를 빌릴 수 있습니다.

① (가)-(나)-(다)-(라)
② (가)-(다)-(라)-(나)
③ (다)-(가)-(라)-(나)
④ (다)-(나)-(가)-(라)

[59 ~ 60] **다음을 읽고 물음에 답하십시오.**

> 우리 할머니는 '한글 공부방'에 다니십니다. (㉠) '한글 공부방'은 한글을 모르는 노인들이 다니는 곳입니다. (㉡) 할머니는 이곳에서 3달 동안 한글을 배우셨습니다. (㉢) 할머니는 내일 선생님께 감사의 편지를 드리려고 합니다. (㉣) 그래서 오늘 열심히 편지를 쓰셨습니다.

59. **다음 문장이 들어갈 곳을 고르십시오.** (2점)

> 내일은 공부방의 졸업식이 있는 날입니다.

① ㉠　　② ㉡　　③ ㉢　　④ ㉣

60. **이 글의 내용과 같은 것을 고르십시오.** (3점)

① 할머니는 이제 한글을 쓸 줄 아십니다.
② 할머니는 감사의 편지를 받으셨습니다.
③ 할머니는 '한글 공부방' 선생님이십니다.
④ 할머니는 졸업식 날 편지를 읽으셨습니다.

[61～62] **다음을 읽고 물음에 답하십시오.** (각 2점)

요즘 옛날 영화를 다시 보여 주는 극장이 많습니다. 10년 전 영화인 '첫사랑'도 다음 주부터 여러 극장에서 볼 수 있습니다. '첫사랑'은 내용이 아름다워서 많은 사람들이 잊지 못하는 영화입니다. (㉠) 영화에 나온 음악은 요즘에도 인기가 많습니다. 이번에 크고 좋은 화면으로 이 영화를 다시 볼 수 있어서 사람들이 많이 기다리고 있습니다.

61. **㉠에 들어갈 알맞은 말을 고르십시오.**

① 그리고　　② 그러면
③ 그러나　　④ 그래도

62. **이 글의 내용과 같은 것을 고르십시오.**

① '첫사랑'은 새로 나온 영화입니다.
② '첫사랑'을 보여 주는 극장이 많습니다.
③ 사람들은 영화 '첫사랑'에 관심이 없습니다.
④ 요즘은 '첫사랑'에 나온 음악을 잘 안 듣습니다.

[63 ~ 64] **다음을 읽고 물음에 답하십시오.**

받는 사람	liming@hankuk.com; juni@hankuk.com; susan@hankuk.com; ...
제 목	한국어교육원 학생 여러분께
보낸 사람	korea@hankuk.edu

학생 여러분, 안녕하세요?
이번에 한국어교육원에서 '떡 만들기' 행사를 하려고 합니다.
한국의 여러 가지 떡을 직접 만들어서 먹어 볼 수 있습니다.
다음 달 3일 오후 2시부터 4시까지 우리 교육원 1층에서 할 계획입니다.
참가비는 만 원이고 이번 주까지 신청하면 됩니다.
많은 관심 부탁 드립니다.

한국어교육원

63. **왜 이 글을 썼는지 맞는 것을 고르십시오.** (2점)
① '떡 만들기' 행사에 참가하려고
② '떡 만들기' 행사 소식을 알리려고
③ '떡 만들기' 행사에 필요한 돈을 모으려고
④ '떡 만들기' 행사를 도와줄 사람을 찾으려고

64. **이 글의 내용과 같은 것을 고르십시오.** (3점)
① 이번 주에 '떡 만들기'를 합니다.
② 한국어교육원 삼 층에서 행사를 합니다.
③ '떡 만들기' 행사는 한 시간 동안 합니다.
④ '떡 만들기'를 하려면 참가비를 내야 합니다.

[65 ~ 66] **다음을 읽고 물음에 답하십시오.**

어렸을 때 우리 어머니는 저에게 노래를 자주 불러 주셨습니다. 제가 울 때는 재미있고 신나는 노래를 불러 주셨습니다. 그리고 잘 때는 제 침대에 같이 누워서 조용한 노래를 불러 주셨습니다. 저는 어머니의 노래를 (㉠) 잠이 더 잘 왔습니다. 저는 아직도 어머니가 불러 준 노래들을 기억합니다. 그리고 지금은 그 노래들을 제 아이한테 불러 줍니다.

65. **㉠에 들어갈 알맞은 말을 고르십시오.** (2점)

① 듣지만 ② 듣거나
③ 들으면 ④ 들으려고

66. **이 글의 내용과 같은 것을 고르십시오.** (3점)

① 저는 어머니가 불러 준 노래를 잊어버렸습니다.
② 잠잘 때 저는 어머니와 함께 노래를 불렀습니다.
③ 어머니는 제가 울면 조용한 노래를 불러 주셨습니다.
④ 저는 우리 어머니처럼 제 아이에게 노래를 불러 줍니다.

[67 ~ 68] **다음을 읽고 물음에 답하십시오.** (각 3점)

얼마 전 인주시에서는 사용하지 않는 기찻길 주변을 공원으로 새롭게 만들었습니다. 사람들은 공원을 산책하거나 기찻길을 따라 걸으면서 사진을 찍습니다. 기찻길 옆에는 오래된 기차를 고쳐서 만든 카페가 하나 있습니다. 그 카페 안에는 (㉠) 많이 있습니다. 그래서 그 카페에 들어가면 옛날 분위기를 느낄 수 있습니다.

67. **㉠에 들어갈 알맞은 말을 고르십시오.**
① 예쁜 꽃들이
② 맛있는 차와 커피가
③ 오래된 물건들이
④ 사진을 찍는 사람들이

68. **이 글의 내용과 같은 것을 고르십시오.**
① 기찻길에 아직도 기차가 다닙니다.
② 기찻길 주변이 공원으로 바뀌었습니다.
③ 기찻길 위에서 사진을 찍으면 안 됩니다.
④ 기찻길 옆에 기차 모양의 카페가 많습니다.

[69 ~ 70] **다음을 읽고 물음에 답하십시오.** (각 3점)

다음 달에 친한 친구가 결혼을 합니다. 외국에서 결혼식을 하는데 저는 회사 일 때문에 못 갑니다. 그래서 휴대 전화로 영상을 찍어서 친구에게 (㉠). 저는 친구와 어릴 때 함께 다닌 학교와 우리의 추억이 있는 여러 장소를 찍을 겁니다. 그리고 고향 친구들이 축하 인사를 하는 것도 찍을 겁니다. 친구가 그것을 보고 기뻐하면 좋겠습니다.

69. **㉠에 들어갈 알맞은 말을 고르십시오.**

① 보내러 갑니다.
② 보내려고 합니다.
③ 보낼 수 없습니다.
④ 보낸 적이 없습니다.

70. **이 글의 내용으로 알 수 있는 것을 고르십시오.**

① 저는 친구의 결혼을 축하해 주고 싶습니다.
② 저는 고향 친구들과 결혼식에 가려고 합니다.
③ 친구는 고향에 와서 결혼식을 하려고 합니다.
④ 친구는 제가 찍은 영상을 보고 좋아했습니다.

TOPIK 한국어능력시험Ⅰ 제47회 시험이 모두 끝났습니다.

TOPIK

Test of Proficiency In Korean

第 52 回 TOPIK I

聞き取り問題
30 問　40 分

読解問題
40 問　60 分

유 의 사 항
Information

2. 시험 시작 지시가 있을 때까지 문제를 풀지 마십시오.

   Do not open the booklet until you are allowed to start.

2. 수험번호와 이름을 정확하게 적어 주십시오.

   Write your name and registration number on the answer sheet

3. 답안지률 구기거나 훼손하지 마십시오

   Do not fold the answer sheet: keep it clean.

4. 답안지의 이름, 수험번호 및 정답의 기입은 배부된 펜을 사용하여 주십시오.

   Use the given pen only.

5. 정답은 답안지에 정확하게 표시하여 주십시오.

   Mark your answer accurately and clearly on the answer sheet

   marking example ① ● ③ ④

6. 문제률 읽을 매에는 소리가 나지 않도록 하십시오.

   Keep quiet while answering the questions.

7. 질문이 있을 매에는 손을 둘고 감독관이 올 때까지 기다려 주십시오.

   When you have any questions, please raise your hand

듣기 Listening TOPIK Ⅰ 제 52 회 1교시

1 ~ 30번 문항

[1 ~ 4] **다음을 듣고 <보기>와 같이 물음에 맞는 대답을 고르십시오.**

〈보 기〉

가 : 공책이에요?
나 : ______________________

❶ 네, 공책이에요.　　② 네, 공책이 없어요.
③ 아니요, 공책이 싸요.　　④ 아니요, 공책이 커요.

1. (4점)
① 네, 영화를 해요.　　② 네, 영화가 아니에요.
③ 아니요, 영화를 안 봐요.　　④ 아니요, 영화가 재미있어요.

2. (4점)
① 네, 사람이 없어요.　　② 네, 사람이 많아요.
③ 아니요, 사람이에요.　　④ 아니요, 사람이 좋아요.

3. (3점)
① 모자를 샀어요.　　② 동생이 샀어요.
③ 주말에 샀어요.　　④ 백화점에서 샀어요.

4. (3점)
① 매일 일해요.　　② 정말 멋있어요.
③ 일이 어려워요.　　④ 학생을 가르쳐요.

[5 ~ 6] **다음을 듣고 <보기>와 같이 다음 말에 이어지는 말을 고르십시오.**

〈보 기〉

가 : 맛있게 드세요.
나 : ______________________________

① 좋겠습니다　　② 모르겠습니다.
❸ 잘 먹겠습니다.　　④ 처음 뵙겠습니다..

5. (4점)

① 반갑습니다.　　② 실례합니다.
③ 안녕히 계세요.　　④ 여기 앉으세요.

6. (3점)

① 네, 전데요.　　② 네, 저도요.
③ 네, 미안해요.　　④ 네, 괜찮아요.

[7 ~ 10] **여기는 어디입니까? <보기>와 같이 알맞은 것을 고르십시오.**

〈보 기〉

가 : 내일까지 숙제를 꼭 내세요.
나 : 네, 선생님.

❶ 교실　　② 공항　　③ 가게　　④ 병원

7. (3점)

① 택시　　② 기차　　③ 비행기　　④ 지하철

8. (3점)

① 은행　　② 빵집　　③ 정류장　　④ 세탁소

9. (3점)

① 극장　② 식당　③ 미술관　④ 우체국

10. (4점)

① 약국　② 서점　③ 사진관　④ 운동장

[11 ~ 14] 다음은 무엇에 대해 말하고 있습니까? <보기>와 같이 알맞은 것을 고르십시오.

〈보 기〉

가 : 누구예요?
나 : 이 사람은 형이고, 이 사람은 동생이에요.

❶ 가족　② 친구　③ 선생님　④ 부모님

11. (3점)

① 시간　② 날짜　③ 나이　④ 주소

12. (3점)

① 장소　② 운동　③ 음식　④ 직업

13. (4점)

① 요일　② 나라　③ 여행　④ 계절

14. (3점)

① 취미　② 약속　③ 위치　④ 교통

[15～16] **다음 대화를 듣고 알맞은 그림을 고르십시오.** (각 4점)

15.

①

②

③

④

16.

①

②

③

④

[17 ~ 21] **다음을 듣고 <보기>와 같이 대화 내용과 같은 것을 고르십시오.** (각 3점)

〈보 기〉

남자: 요즘 한국어를 공부해요?
여자: 네. 한국 친구한테서 한국어를 배워요.

① 남자는 학생입니다.
② 여자는 학교에 다닙니다.
③ 남자는 한국어를 가르칩니다.
❹ 여자는 한국어를 공부합니다.

17.
① 남자는 장미꽃을 삽니다.
② 여자는 선물을 받습니다.
③ 남자는 여자 친구가 없습니다.
④ 여자는 꽃 이름을 잘 모릅니다.

18.
① 여자는 도서관에 일하러 갑니다.
② 남자는 다음 주에 시험을 볼 겁니다.
③ 여자는 방학에 시험 준비를 했습니다.
④ 남자는 일 때문에 여행을 못 갔습니다.

19.
① 남자는 쉬고 싶어 합니다.
② 여자는 일을 다 끝냈습니다.
③ 남자는 집에 가려고 합니다.
④ 여자는 몸이 좋지 않습니다.

20.
① 여자는 농구 선수를 좋아합니다.
② 남자는 행사에 관심이 없습니다.
③ 여자는 다음 주에 신청할 겁니다.
④ 남자는 농구를 가르치려고 합니다.

21.

① 여자는 남자하고 만화책을 샀습니다.
② 남자는 만화책을 많이 모았습니다.
③ 여자는 남자한테 만화책을 주었습니다.
④ 남자는 만화책을 사려고 외국에 갔습니다.

[22 ~ 24] **다음을 듣고 여자의 중심 생각을 고르십시오.** (각 3점)

22.

① 아침밥을 먹는 게 좋습니다.
② 아침에 일찍 일어나야 합니다.
③ 아침에 우유를 마시면 좋습니다.
④ 아침밥은 집에서 먹어야 합니다.

23.

① 지금 살고 있는 집이 좋습니다.
② 집과 회사는 가까운 게 좋습니다.
③ 등산을 자주 하려면 이사해야 합니다.
④ 집에서 회사까지 걸어 다녀야 합니다.

24.

① 신발은 좀 크게 신는 게 좋습니다.
② 신발이 안 맞을 때는 빨리 바꿔야 합니다.
③ 인터넷으로 신발을 사면 바꾸기 쉽습니다.
④ 인터넷으로 신발을 사지 않는 게 좋습니다.

[25 ~ 26] **다음을 듣고 물음에 답하십시오.**

25. **여자가 왜 이 이야기를 하고 있는지 고르십시오.** (3점)

① 버스 종류를 알려주려고
② 관광지 이름을 소개하려고
③ 관광지 위치를 설명하려고
④ 버스 이용 방법을 안내하려고

26. **들은 내용과 같은 것을 고르십시오.** (4점)

① 이 버스는 중앙공원에서 출발합니다.
② 버스를 다시 탈 때는 표를 사야 합니다.
③ 사람들은 내려서 관광지를 구경할 수 있습니다.
④ 사람들은 한 시간 동안 버스를 기다려야 합니다.

[27 ~ 28] **다음을 듣고 물음에 답하십시오.**

27. **두 사람이 무엇에 대해 이야기를 하고 있는지 고르십시오.** (3점)

① 고장 난 텔레비전
② 사고 싶은 텔레비전
③ 서비스 센터 연락 방법
④ 서비스 센터 이용 시간

28. **들은 내용과 같은 것을 고르십시오.** (4점)

① 남자는 텔레비전을 사러 왔습니다.
② 남자는 내일 직원과 통화할 겁니다.
③ 여자는 남자의 집에 찾아갈 겁니다.
④ 여자는 남자의 텔레비전을 고쳤습니다.

[29 ~ 30] **다음을 듣고 물음에 답하십시오.**

29. 여자가 대회에 참가한 이유를 고르십시오. (3점)
① 한국어 발음 연습을 할 수 있어서
② 많은 외국인 학생을 만날 수 있어서
③ 한국에서 특별한 경험을 하고 싶어서
④ 사람들 앞에서 이야기하는 것을 좋아해서

30. **들은 내용과 같은 것을 고르십시오.** (4점)
① 여자는 한국에서 계속 공부하려고 합니다.
② 여자는 긴장을 해서 실수를 많이 했습니다.
③ 여자는 사람들이 없는 곳에서 연습했습니다.
④ 여자는 한국어 선생님의 도움을 받았습니다.

－ 1교시 / 듣기시험이 끝났습니다. 다음은 읽기 시험입니다.－

읽기 Reading TOPIK Ⅰ 제 52 회 1교시

31 ~ 70번 문항

[31 ~ 33] **무엇에 대한 이야기입니까? <보기>와 같이 알맞은 것을 고르십시오.** (각 2점)

〈보 기〉

포도를 먹었습니다. 포도가 맛있었습니다.

① 공부 ❷ 과일 ③ 여름 ④ 생일

31.

형은 스물한 살입니다. 누나는 스물세 살입니다.

① 나이 ② 날짜 ③ 이름 ④ 시간

32.

비빔밥은 육천 원입니다. 냉면은 오천 원입니다.

① 맛 ② 값 ③ 옷 ④ 일

33.

비가 옵니다. 바람도 많이 붑니다.

① 날씨 ② 방학 ③ 휴일 ④ 계획

※ [34 ~ 39] <보기>와 같이 (　　　)에 들어갈 가장 알맞은 것을 고르십시오.

〈보 기〉

단어를 모릅니다. (　　　)을 찾습니다.

① 안경　　② 수박　　❸ 사전　　④ 지갑

34. (2점)

저는 마이클입니다. 미국(　　　) 왔습니다.

① 이　　② 의　　③ 에서　　④ 하고

35. (2점)

배가 고픕니다. (　　　)에 갑니다.

① 은행　　② 식당　　③ 우체국　　④ 여행사

36. (2점)

저는 사과 주스를 좋아합니다. 그래서 (　　　) 마십니다.

① 자주　　② 아마　　③ 제일　　④ 아까

37. (3점)

도서관입니다. 책이 아주 (　　　).

① 넓습니다　　② 많습니다　　③ 쉽습니다　　④ 짧습니다

38. (3점)

길을 모릅니다. 사람들에게 (　　　　).

① 줍니다　　② 팝니다　　③ 노래합니다　　④ 물어봅니다

39. (2점)

동생의 결혼식입니다. 가족들이 함께 사진을 (　　　　).

① 만납니다　　② 빌립니다　　③ 찍습니다　　④ 배웁니다

[40～42] **다음을 읽고 맞지 <u>않는</u> 것을 고르십시오.** (각 3점)

40.

① 부산으로 갑니다.
② 표는 오만 구천 원입니다.
③ 아침 아홉 시에 출발합니다.
④ 오월 오일에 기차를 탑니다.

41.

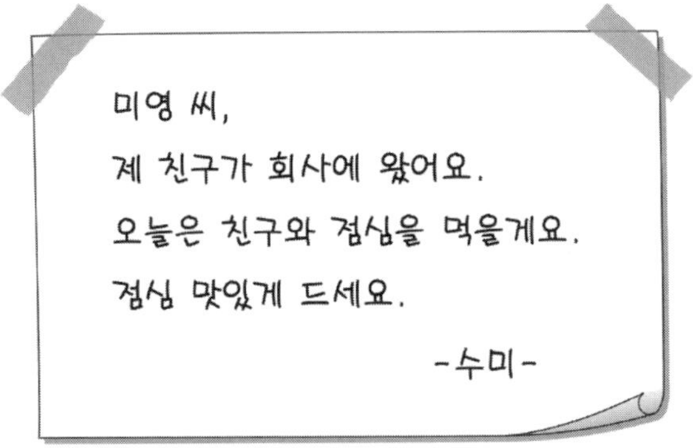

① 수미 씨가 메모를 썼습니다.
② 수미 씨는 친구를 만납니다.
③ 수미 씨의 친구가 회사에 왔습니다.
④ 수미 씨는 미영 씨와 점심을 먹을 겁니다.

42.

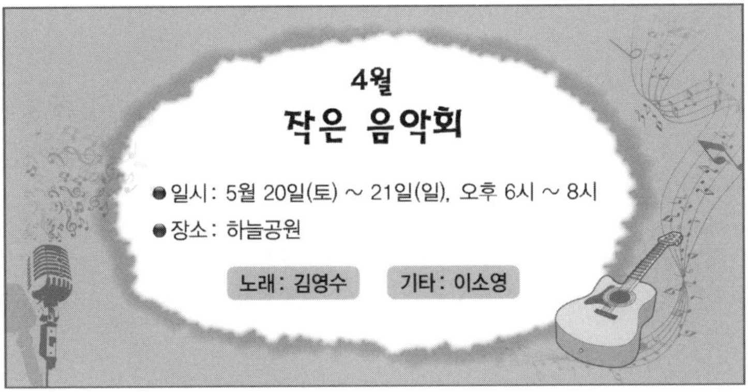

① 음악회는 주말에 합니다.
② 음악회는 하늘공원에서 합니다.
③ 음악회는 저녁 여덟 시에 끝납니다.
④ 음악회에서 이소영 씨가 노래를 부릅니다.

[43 ~ 45] **다음의 내용과 같은 것을 고르십시오.**

43. (3점)

내일은 친구의 생일입니다. 저는 친구에게 주려고 과자를 만들었습니다. 내일 친구에게 선물할 겁니다.

① 저는 과자를 살 겁니다.
② 친구가 과자를 만들었습니다.
③ 친구가 생일 선물을 주었습니다.
④ 저는 내일 친구에게 과자를 줄 겁니다.

44. (2점)

오늘 수미 씨와 영화를 보러 갔습니다. 우리는 영화관까지 함께 버스를 타고 갔습니다. 영화를 보고 우리 집에서 같이 저녁을 먹었습니다.

① 저는 수미 씨와 영화를 봤습니다.
② 저는 영화관까지 걸어서 갔습니다.
③ 저는 식당에서 저녁 식사를 했습니다.
④ 저는 영화관에서 수미 씨를 만났습니다.

45. (3점)

저는 보통 자전거를 타고 출근합니다. 자전거를 타면 운동도 할 수 있어서 좋습니다. 그런데 오늘은 다리가 아파서 택시를 타고 출근했습니다.

① 오늘은 회사에 가지 않았습니다.
② 저는 회사에 가서 운동을 합니다.
③ 저는 보통 택시를 타고 회사에 갑니다.
④ 오늘은 다리가 아파서 자전거를 못 탔습니다.

[46 ~ 48] 다음을 읽고 중심 생각을 고르십시오.

46. (3점)

제 친구 마리 씨가 오늘 고향으로 돌아갔습니다. 우리는 공항에서 인사를 했습니다. 저는 마리 씨와 헤어져서 눈물이 났습니다.

① 저는 고향에 가려고 했습니다.
② 저는 마리 씨가 떠나서 슬펐습니다.
③ 저는 마리 씨의 고향에 가고 싶었습니다.
④ 저는 공항에서 친구를 만나고 싶었습니다.

47. (3점)

아버지의 가방은 오래되었습니다. 저는 아버지의 가방을 바꿔 드리고 싶습니다. 그래서 요즘 아르바이트를 하고 있습니다.

① 저는 아버지의 가방이 좋습니다.
② 저는 아르바이트를 찾으려고 합니다.
③ 저는 아버지께 가방을 사 드리려고 합니다.
④ 저는 가방 만드는 회사에서 일하고 싶습니다.

48. (2점)

저는 주말에 항상 민수 씨와 테니스를 칩니다. 그런데 민수 씨가 일 때문에 외국에 갔습니다. 저는 민수 씨가 빨리 오면 좋겠습니다.

① 저는 테니스를 배우려고 합니다.
② 저는 외국에서 일을 하려고 합니다.
③ 저는 민수 씨와 테니스를 치고 싶습니다.
④ 저는 민수 씨와 같이 외국에 가고 싶습니다.

[49 ~ 50] **다음을 읽고 물음에 답하십시오.** (각 2점)

> 저는 혼자 여행하는 것을 좋아합니다. 보통 여행 기간이나 장소를 정하지 않고 여행을 떠납니다. 유명한 관광지보다는 작은 마을을 다닙니다. 저는 운전을 하면서 여행하는데 예쁜 경치가 보이면 내려서 구경합니다. 여행하는 곳이 (㉠) 오랫동안 지낼 때도 있습니다.

49. **㉠에 들어갈 알맞은 말을 고르십시오.**

① 좋으면　　② 좋지만
③ 좋아도　　④ 좋은데

50. **이 글의 내용과 같은 것을 고르십시오.**

① 저는 여행할 때 직접 운전을 합니다.
② 저는 여러 사람과 함께 여행을 합니다.
③ 저는 여행 기간을 정한 후에 여행합니다.
④ 저는 여행할 때마다 유명한 관광지에 갑니다.

[51 ~ 52] **다음을 읽고 물음에 답하십시오.**

> 밀가루는 음식 재료입니다. 그런데 밀가루는 다양한 곳에 사용할 수 있습니다. 포도나 딸기를 씻을 때 밀가루로 씻으면 좋습니다. (㉠) 냄새가 나는 그릇에 밀가루를 넣고 하루가 지나면 냄새가 나지 않습니다. 밀가루를 사용하면 프라이팬에 남은 기름도 쉽게 닦을 수 있습니다.

51. **㉠에 들어갈 알맞은 말을 고르십시오.** (3점)

① 그래서　　② 그러면

③ 그리고　　④ 그러나

52. **무엇에 대한 이야기인지 맞는 것을 고르십시오.** (2점)

① 밀가루로 할 수 있는 일

② 밀가루로 그릇을 닦는 순서

③ 밀가루로 과일을 씻는 방법

④ 밀가루로 만들 수 있는 음식

[53 ~ 54] **다음을 읽고 물음에 답하십시오.**

> 우리 아이는 피부가 좀 약합니다. 가게에서 파는 비누를 쓰면 피부가 안 좋아집니다. 그래서 저는 인터넷을 보고 아이에게 맞는 비누를 (㉠). 방법이 별로 어렵지 않았습니다. 이 비누는 쌀이나 과일 같은 자연 재료로 만들어서 좋습니다. 제가 만든 비누를 사용하고 아이의 피부가 좋아졌습니다.

53. **㉠에 들어갈 알맞은 말을 고르십시오.** (2점)
① 금방 골랐습니다.
② 다시 보냈습니다.
③ 계속 기다렸습니다.
④ 직접 만들었습니다.

54. **이 글의 내용과 같은 것을 고르십시오.** (3점)
① 저는 비누를 만드는 것이 어렵습니다.
② 저는 인터넷으로 쌀이나 과일을 삽니다.
③ 제 아이는 비누 만드는 방법을 배웁니다.
④ 제가 만든 비누는 아이의 피부에 좋습니다.

[55 ~ 56] **다음을 읽고 물음에 답하십시오.**

저와 아내는 시골에서 자랐습니다. 우리는 결혼한 후에 서울에서 살면서 회사에 다녔습니다. 하지만 도시 생활이 행복하지 않았습니다. 우리는 다시 시골로 (㉠). 그래서 얼마 전에 시골에 집도 사고 땅도 조금 샀습니다. 거기에서 꽃을 키울 겁니다. 내일 드디어 이사를 합니다.

55. **㉠에 들어갈 알맞은 말을 고르십시오.** (2점)
① 돌아가면 안 됩니다.
② 돌아갔기 때문입니다.
③ 돌아가고 싶었습니다.
④ 돌아간 적이 있습니다.

56. **이 글의 내용과 같은 것을 고르십시오.** (3점)
① 제 아내는 도시 생활을 좋아합니다.
② 제 아내는 회사에 다니지 않았습니다.
③ 저는 시골에 가서 꽃을 키우려고 합니다.
④ 저는 어렸을 때부터 서울에서 살았습니다.

[57～58] **다음을 순서대로 맞게 나열한 것을 고르십시오.**

57. (3점)

(가) 저는 오른손으로 글씨를 썼습니다. (나) 그때부터 왼손으로 글씨를 쓰기 시작했습니다. (다) 처음에는 불편했지만 지금은 왼손으로 쓰는 것이 익숙합니다. (라) 그런데 운동을 할 때 다쳐서 오른손으로 글씨를 쓸 수 없었습니다.

① (가)－(다)－(라)－(나)
② (가)－(라)－(나)－(다)
③ (다)－(라)－(나)－(가)
④ (다)－(나)－(가)－(라)

58. (2점)

(가) 그렇지만 물 위에 있으면 오래된 달걀입니다. (나) 소금물이 있는 그릇에 달걀을 넣어 보면 됩니다. (다) 오래된 달걀과 신선한 달걀을 알 수 있는 방법이 있습니다. (라) 소금물에 넣었을 때 달걀이 그릇 바닥에 있으면 신선한 것입니다.

① (나)－(라)－(다)－(가)
② (나)－(다)－(가)－(라)
③ (다)－(가)－(나)－(라)
④ (다)－(나)－(라)－(가)

[59 ~ 60] **다음을 읽고 물음에 답하십시오.**

> 우리 동네 산에는 동물들이 많이 살고 있습니다. (㉠) 그런데 겨울에는 산에 동물들이 먹을 것이 별로 없습니다. (㉡) 그래서 저와 동네 사람들은 겨울이 되면 산에 가서 먹을 것을 놓고 옵니다. (㉢) 토끼나 산새들이 다 먹은 것입니다. (㉣) 추운 겨울에 먹을 것을 가지고 산에 올라가는 것이 힘들지만 우리는 매년 기분 좋게 이 일을 합니다.

59. **다음 문장이 들어갈 곳을 고르십시오.** (2점)

> 며칠 후에 다시 가 보면 우리가 놓고 온 것이 하나도 없습니다.

① ㉠　　② ㉡　　③ ㉢　　④ ㉣

60. **이 글의 내용과 같은 것을 고르십시오.** (3점)

① 우리 동네 산에는 토끼가 살지 않습니다.
② 동물들은 우리가 산에 놓고 온 것을 먹습니다.
③ 저는 힘들어서 산에 올라가는 것을 싫어합니다.
④ 동물들은 먹을 것을 찾으려고 산에서 내려옵니다.

[61 ~ 62] **다음을 읽고 물음에 답하십시오.** (각 2점)

요즘 공항에서 여러 가지 서비스를 즐길 수 있습니다. 공항 안에 여행으로 피곤한 사람들이 잘 수 있는 방과 샤워할 수 있는 곳이 있습니다. 그리고 여행 가방이 고장 났을 때 가방을 (㉠) 빌려주는 서비스도 있습니다. 겨울에 따뜻한 나라로 가는 사람들을 위해 겨울옷을 맡아 주는 곳도 있습니다. 여권을 안 가져온 사람들에게 여권을 만들어 주기도 합니다.

61. **㉠에 들어갈 알맞은 말을 고르십시오.**
① 고쳐 주거나 ② 고쳐 보려고
③ 고치고 싶지만 ④ 고친 것 같아서

62. **이 글의 내용과 같은 것을 고르십시오.**
① 공항에서 여권을 만들 수 없습니다.
② 공항에서 가방을 빌려주기도 합니다.
③ 공항에 편리한 서비스가 별로 없습니다.
④ 공항에 옷을 바꿔 주는 서비스가 있습니다.

[63 ~ 64] **다음을 읽고 물음에 답하십시오.**

http://injulove.com

인주시 문화·행사

문화

행사

ㄴ**꽃길 걷기 축제**

ㄴ달리기 대회

제6회 '인주시 꽃길 걷기 축제'가 이번 달 23일에 열립니다. 사랑하는 사람들과 함께 꽃길을 걸으면서 아름다운 추억을 만들어 보시기 바랍니다. 꽃목걸이 만들기, 엽서 쓰기 등 다양한 행사도 준비했으니 많은 관심 바랍니다.

– 일시: 2017년 4월 23일(일) 10:00 ~ 17:00
– 걷는 길: 인주호수공원에서 인주대학교 앞까지
– 참가비: 5,000원

63. **왜 이 글을 썼는지 맞는 것을 고르십시오.** (2점)

① 축제 날짜를 확인하려고
② 축제 내용을 알려 주려고
③ 축제에 필요한 돈을 모으려고
④ 축제를 함께 준비할 사람을 찾으려고

64. **이 글의 내용과 같은 것을 고르십시오.** (3점)

① 축제는 오후 열 시까지 합니다.
② 축제는 올해 처음으로 시작됐습니다.
③ 축제에 참가하려면 돈을 내야 합니다.
④ 축제에 참가하려면 엽서를 보내야 합니다.

[65 ~ 66] **다음을 읽고 물음에 답하십시오.**

몇 달 전 우리 동네에 피아노 학원이 생겼습니다. 어머니는 그 학원 앞을 지날 때마다 한참 동안 서서 피아노 소리를 들으셨습니다. 어머니가 피아노를 배우고 싶어 하시는 것 같아서 저는 (㉠). 처음에 어머니는 나이가 많아서 학원에 다니는 것을 부끄러워하셨습니다. 하지만 요즘은 즐겁게 학원에 다니시고 가끔 가족 모임에서 손녀와 함께 연주도 하십니다.

65. **㉠에 들어갈 알맞은 말을 고르십시오.** (2점)
① 가족 모임에서 말했습니다.
② 피아노를 사려고 했습니다.
③ 피아노를 함께 연주했습니다.
④ 학원에 등록을 해 드렸습니다.

66. **이 글의 내용과 같은 것을 고르십시오.** (3점)
① 어머니는 즐겁게 피아노를 배우십니다.
② 우리 동네에는 피아노 학원이 없습니다.
③ 저는 어머니께 피아노를 가르쳐 드립니다.
④ 어머니는 가족들 앞에서 피아노를 안 치십니다.

[67 ~ 68] **다음을 읽고 물음에 답하십시오.** (각 3점)

> 인주시장은 오래된 시장입니다. 그런데 요즘 사람들은 오래된 시장을 별로 좋아하지 않아서 찾는 사람이 적어졌습니다. 시장을 새롭게 바꾸기 위해서 가게 주인들은 시장에 재미있는 그림을 전시하고 가게의 이름도 예쁘게 써서 걸었습니다. 또 이 시장에서만 볼 수 있는 다양한 물건들도 팔기 시작했습니다. 시장이 바뀐 후부터 사람들이 다시 (㉠).

67. **㉠에 들어갈 알맞은 말을 고르십시오.**

① 그림을 배우고 있습니다.
② 이곳을 찾아오고 있습니다.
③ 물건을 전시하고 있습니다.
④ 글씨를 예쁘게 쓰고 있습니다.

68. **이 글의 내용과 같은 것을 고르십시오.**

① 인주시장은 최근에 새로 생겼습니다.
② 인주시장에서만 살 수 있는 물건이 있습니다.
③ 인주시장에 오는 사람들이 그림을 전시했습니다.
④ 가게 주인들은 시장에 오는 사람들에게 이름을 써 줍니다.

[69～70] **다음을 읽고 물음에 답하십시오.** (각 3점)

예전에 제 꿈은 유명한 영화배우였습니다. 하지만 배우가 되는 것은 생각보다 어려웠습니다. 그래서 저는 (㉠). 아이들에게 동화책을 읽어 주는 일입니다. 배우는 아니지만 저는 책을 읽으면서 배우처럼 연기를 합니다. 아이들은 제 연기를 보고 크게 웃거나 박수를 치면서 좋아합니다. 배우가 되지는 못했지만 저는 지금 제가 하는 일이 아주 마음에 듭니다.

69. **㉠에 들어갈 알맞은 말을 고르십시오.**
① 배우를 만났습니다.
② 금방 유명해졌습니다.
③ 다른 일을 찾았습니다.
④ 더 열심히 노력했습니다.

70. **이 글의 내용으로 알 수 있는 것을 고르십시오.**
① 제 직업은 영화배우입니다.
② 저는 직업을 바꾸고 싶습니다.
③ 아이들은 영화를 보면서 크게 웃습니다.
④ 제가 책을 읽어 주면 아이들은 좋아합니다.

TOPIK 한국어능력시험Ⅰ 제52회 시험이 모두 끝났습니다.

TOPIK

Test of Proficiency In Korean

第60回 TOPIK I

聞き取り問題
30問　40分

読解問題
40問　60分

유 의 사 항
Information

3. 시험 시작 지시가 있을 때까지 문제를 풀지 마십시오.

Do not open the booklet until you are allowed to start.

2. 수험번호와 이름을 정확하게 적어 주십시오.

Write your name and registration number on the answer sheet

3. 답안지를 구기거나 훼손하지 마십시오

Do not fold the answer sheet: keep it clean.

4. 답안지의 이름, 수험번호 및 정답의 기입은 배부된 펜을 사용하여 주십시오.

Use the given pen only.

5. 정답은 답안지에 정확하게 표시하여 주십시오.

Mark your answer accurately and clearly on the answer sheet

marking example ① ● ③ ④

6. 문제를 읽을 때에는 소리가 나지 않도록 하십시오.

Keep quiet while answering the questions.

7. 질문이 있을 때에는 손을 들고 감독관이 올 때까지 기다려 주십시오.

When you have any questions, please raise your hand

듣기 Listening TOPIK Ⅰ 제60회 1교시

1~30번 문항

[1~4] **다음을 듣고 <보기>와 같이 물음에 맞는 대답을 고르십시오.**

〈보 기〉

가 : 공책이에요?
나 : ______________________

❶ 네, 공책이에요.　　② 네, 공책이 커요.
③ 아니오, 공책을 보시요.　　④ 아니요, 공책이 많아요.

1. (4점)
① 네, 사과가 없어요.　　② 네, 사과가 맛있어요.
③ 아니요, 사과가 비싸요.　　④ 아니요, 사과가 좋아요.

2. (4점)
① 네, 학교가 작아요.　　② 네, 학교가 아니에요.
③ 아니요, 학교에 안 가요.　　④ 아니요, 학교에 있어요.

3. (3점)
① 조금 샀어요.　　② 친구가 샀어요.
③ 한 시에 샀어요.　　④ 시장에서 샀어요.

4. (3점)
① 자주 해요.　　② 편지를 써요.
③ 내일 만나요.　　④ 정말 좋아해요.

[5~6] 다음을 듣고 <보기>와 이어지는 말을 고르십시오.

〈보 기〉

가 : 맛있게 드세요.
나 : ____________________

① 좋겠습니다.　　② 모르겠습니다.
❸ 잘 먹겠습니다.　　④ 처음 뵙겠습니다.

5. (4점)

① 미안해요.　　② 고마워요.
③ 반가워요.　　④ 괜찮아요.

6. (3점)

① 잘 지냈어요.　　② 어서 오세요.
③ 네, 안녕히 계세요.　　④ 네, 오랜만이에요.

[7~10] 여기는 어디입니까? <보기>와 같이 알맞은 것을 고르십시오.

〈보 기〉

가: 어디가 아프세요?
나: 배가 아파요

① 공항　　② 빵집　　❸ 병원　　④ 호텔

7. (3점)

① 꽃집　　② 식당　　③ 우체국　　④ 백화점

8. (3점)

① 시장　　② 약국　　③ 도서관　　④ 여행사

9. (3점)

① 은행　② 교실　③ 극장　④ 공원

10. (4점)

① 정류장　② 미술관　③ 운동장　④ 박물관

[11~14] **다음은 무엇에 대해 말하고 있습니까? <보기>와 같이 알맞은 것을 고르십시오.**

〈보 기〉

가: 몇 살이에요?

나: 스무 살이에요.

❶ 나이　② 선물　③ 요일　④ 주소

11. (3점)

① 일　② 집　③ 시간　④ 가족

12. (3점)

① 취미　② 이름　③ 음식　④ 장소

13. (4점)

① 위치　② 휴일　③ 날씨　④ 수업

14. (3점)

① 건강　② 직업　③ 고향　④ 교통

[15~16] **다음 대화를 듣고 알맞은 그림을 고르십시오.** (각 4점)

15.

①

②

③

④

16.

①

②

③

④

[17~21] **다음을 듣고 <보기>와 같이 대화 내용과 같은 것을 고르십시오.** (각 3점)

〈보 기〉

남자: 요즘 한국어를 공부해요?

여자: 네. 한국 친구한테서 한국어를 배워요.

① 남자는 학생입니다.　② 여자는 학교에 다닙니다.

③ 남자는 한국어를 가르칩니다.　❹ 여자는 한국어를 공부합니다.

17.

① 여자는 요리를 잘합니다.

② 여자는 요리를 자주 합니다.

③ 남자는 요즘 밥을 잘 못 먹습니다.

④ 남자는 보통 집에서 저녁을 먹습니다.

18.

① 여자는 옷을 입어 봤습니다.

② 남자는 삼만 원을 받았습니다.

③ 남자는 티셔츠를 사려고 합니다.

④ 여자는 남자에게 선물을 합니다.

19.

① 남자는 오늘 집에서 쉽니다.

② 남자는 어제 많이 아팠습니다.

③ 여자는 오늘 몸이 안 좋습니다.

④ 여자는 어제 학교에 안 갔습니다.

20.

① 남자는 회의에 못 갑니다.

② 여자는 회의를 늦게 할 겁니다.

③ 남자는 지금부터 회의 준비를 합니다.

④ 여자는 남자와 같이 회의를 할 겁니다.

21.

① 남자는 그림을 배우고 있습니다.
② 여자는 요즘 미술관에 자주 갑니다.
③ 남자는 그림 보는 것을 좋아합니다.
④ 여자는 지금 미술관에 가고 있습니다.

[22~24] **다음을 듣고 여자의 중심 생각을 고르십시오.** (각 3점)

22.

① 운전 연습을 많이 해야 합니다.
② 피곤할 때는 운전을 하면 안 됩니다.
③ 지하철로 회사에 가는 것이 더 좋습니다.
④ 회사에서 지하철역이 가까워서 좋습니다.

23.

① 창문 쪽에 앉고 싶습니다.
② 밖에서 먹는 것이 좋습니다.
③ 기다리지 않고 바로 먹고 싶습니다.
④ 사람이 적은 식당에 가는 것이 좋습니다.

24.

① 혼자 여행을 가고 싶습니다.
② 여행 계획을 세우기 어렵습니다.
③ 오랫동안 여행을 하는 것이 좋습니다.
④ 계획을 세우고 여행을 가면 좋겠습니다.

[25~26] **다음을 듣고 물음에 답하십시오.**

25. **여자가 왜 이 이야기를 하고 있는지 고르십시오.** (3점)
① 신청 방법을 말해 주려고
② 행사 장소를 알려 주려고
③ 행사 날짜를 정하고 싶어서
④ 더 많은 신청을 받고 싶어서

26. **들은 내용과 같은 것을 고르십시오.** (4점)
① 금요일에 행사 신청을 받습니다.
② 공연은 이번 주에 볼 수 있습니다.
③ 학생회관에서 동아리 발표회를 합니다.
④ 작년보다 발표를 신청한 동아리가 많습니다.

[27~28] **다음을 듣고 물음에 답하십시오.**

27. **두 사람이 무엇에 대해 이야기를 하고 있는지 고르십시오.** (3점)
① 인기 있는 운동
② 운동을 하는 이유
③ 인터넷 수업의 좋은 점
④ 인터넷으로 많이 하는 일

28. **들은 내용과 같은 것을 고르십시오.** (4점)
① 여자는 요가를 배우고 있습니다.
② 남자는 운동을 열심히 하고 있습니다.
③ 여자는 남자와 같이 운동을 할 겁니다.
④ 남자는 여자에게 운동을 소개했습니다.

[29~30] **다음을 듣고 물음에 답하십시오.**

29. **남자가 이 책을 쓴 이유를 고르십시오.** (3점)
① 글을 쓰는 것을 좋아해서
② 특별한 이야기를 쓰고 싶어서
③ 한국 문화에 대한 책이 인기가 있어서
④ 한국 사람의 생활 모습을 소개하고 싶어서

30. **들은 내용과 같은 것을 고르십시오.** (4점)
① 남자는 호텔에서 일을 한 적이 있습니다.
② 남자는 외국 사람에게 질문을 많이 했습니다.
③ 남자는 외국인을 위한 책을 여러 권 썼습니다.
④ 남자는 앞으로 외국 문화에 대한 책을 쓸 겁니다.

– 1교시 / 듣기시험이 끝났습니다. 다음은 읽기 시험입니다.–

읽기 Reading TOPIK Ⅰ 제 60 회 1교시

31 ~ 70번 문항

[31~33] **무엇에 대한 이야기입니까? <보기>와 같이 알맞은 것을 고르십시오.** (각 2점)

〈보 기〉

바람이 붑니다. 시원합니다.

① 과일 ② 사람 ❸ 날씨 ④ 얼굴

31.

저는 일본에서 왔습니다. 친구는 미국에서 왔습니다.

① 음식 ② 나라 ③ 요일 ④ 선물

32.

과자가 천 원입니다. 조금 비쌉니다.

① 값 ② 옷 ③ 직업 ④ 공부

33.

아버지, 어머니는 서울에 삽니다. 회사에 다닙니다.

① 나이 ② 숙제 ③ 방학 ④ 부모

[34~39] <보기>와 같이 (　　　　)에 들어갈 가장 알맞은 것을 고르십시오.

〈보 기〉

(　　　　)에 갑니다. 편지를 보냅니다.

① 서점　　② 공항　　❸ 우체국　　④ 대사관

34. (2점)

주스가 없습니다. 그래서 물을 (　　　　).

① 놉니다　　② 합니다　　③ 마십니다　　④ 모릅니다

35. (2점)

비가 옵니다. 그런데 (　　　　)이 없습니다.

① 우산　　② 안경　　③ 지갑　　④ 사전

36. (2점)

저는 의사입니다. 수진 씨(　　　　) 의사입니다.

① 만　　② 에　　③ 를　　④ 도

37. (3점)

우리 형은 농구 선수입니다. 키가 (　　　　) 큽니다.

① 아주　　② 아직　　③ 가끔　　④ 먼저

38. (3점)

시험이 (   ). 그래서 시험을 잘 봤습니다.

① 작았습니다　② 쉬웠습니다　③ 나빴습니다　④ 재미없었습니다

39. (2점)

저는 매일 밤 열두 시에 잡니다. 아침 일곱 시에 (   ).

① 삽니다　② 옵니다　③ 입습니다　④ 일어납니다

[40~42] **다음을 읽고 맞지 않는 것을 고르십시오.** (각 3점)

40.

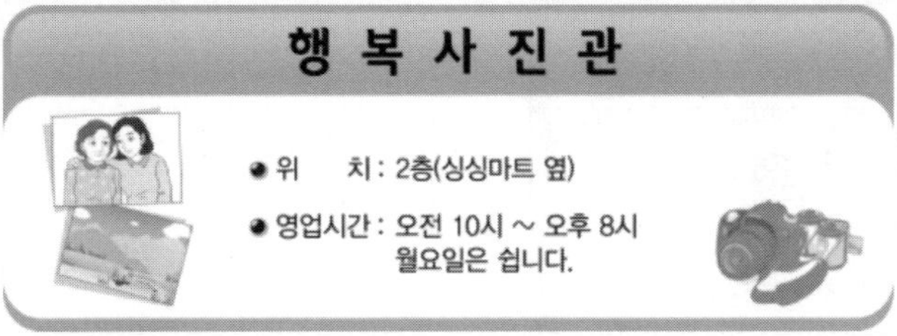

① 주말에 쉽니다.
② 이 층에 있습니다.
③ 마트 옆에 있습니다.
④ 저녁 여덟 시에 끝납니다.

41.

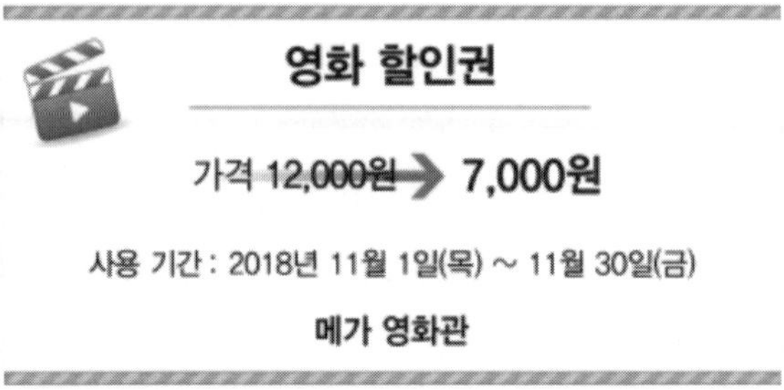

① 일주일 동안 사용합니다.
② 칠천 원에 영화를 봅니다.
③ 십일월 삼십 일까지 사용합니다.
④ 메가 영화관에서 영화를 봅니다.

42.

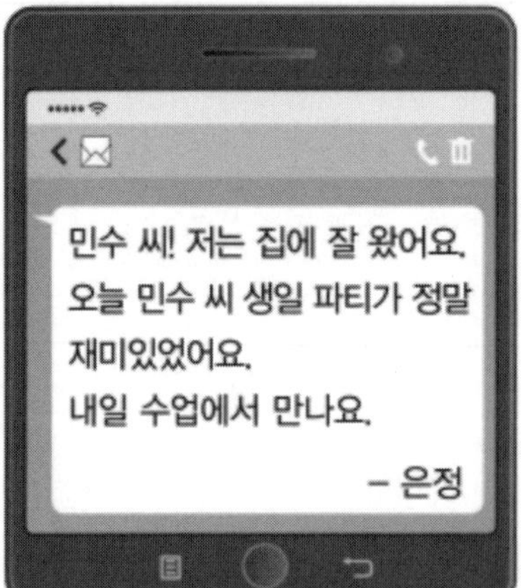

① 은정 씨는 지금 집에 있습니다.
② 민수 씨는 내일 수업이 없습니다.
③ 민수 씨와 은정 씨는 오늘 만났습니다.
④ 은정 씨는 오늘 생일 파티에 갔습니다.

[43~45] 다음의 내용과 같은 것을 고르십시오.

43. (3점)

저는 화요일 저녁에 K-POP 수업에 갑니다. 거기에서 한국 노래를 부르고 춤을 배웁니다. 잘 못하지만 재미있습니다.

① 저는 수업이 재미있습니다.
② 저는 한국 춤을 잘 춥니다.
③ 저는 오전에 수업에 갑니다.
④ 저는 한국 노래를 가르칩니다.

44. (2점)

어제 친구와 공원에 갔습니다. 저는 맛있는 김밥을 준비했습니다. 공원에서 친구와 같이 김밥을 먹고 자전거를 탔습니다.

① 저는 오늘 공원에 갔습니다.
② 친구는 김밥을 준비했습니다.
③ 친구는 김밥을 못 먹었습니다.
④ 저는 공원에서 자전거를 탔습니다.

45. (3점)

7월에는 김치 축제가 있습니다. 여러 김치를 먹어 볼 수 있어서 김치 축제에 사람이 많이 옵니다. 김치 중에서 오이김치가 제일 인기 있습니다.

① 축제는 구월에 합니다.
② 축제에서 김치를 먹지 못합니다.
③ 축제에 사람들이 별로 없습니다.
④ 사람들이 오이김치를 제일 좋아합니다.

[46~48] **다음을 읽고 중심 생각을 고르십시오.**

46. (3점)

저는 스키를 좋아합니다. 겨울이 되면 주말마다 스키를 타러 갑니다. 빨리 눈이 오는 겨울이 되면 좋겠습니다.

① 저는 주말을 기다립니다.
② 저는 겨울이 와서 좋습니다.
③ 저는 빨리 스키를 타고 싶습니다.
④ 저는 눈이 오는 날을 좋아합니다.

47. (3점)

저는 오늘 친구를 만났습니다. 친구를 일 년 동안 못 만나서 보고 싶었습니다. 우리는 밤 늦게까지 이야기했습니다.

① 저는 친구를 만나서 좋았습니다.
② 저는 집에 일찍 가고 싶었습니다.
③ 저는 친구를 많이 사귀고 싶습니다.
④ 저는 친구가 저를 좋아하면 좋겠습니다.

48. (2점)

집 근처에 새로 도서관이 생겼습니다. 읽고 싶은 책이 많고 의자가 편안합니다. 그래서 저는 이 도서관에 자주 가려고 합니다.

① 저는 책이 많으면 좋겠습니다.
② 저는 새 도서관이 마음에 듭니다.
③ 저는 편안한 장소에 있고 싶습니다.
④ 저는 집에서 책을 읽는 것이 좋습니다.

[49~50] **다음을 읽고 물음에 답하십시오.** (각 2점)

> 저는 작년 한국 여행 때 비행기를 처음 탔습니다. 그런데 비행기 안에서 귀가 (㉠). 귀가 계속 아파서 여행이 즐겁지 않았습니다. 그래서 이번 베트남 여행 때는 약을 먹고 비행기를 탔습니다. 이번에는 귀가 아프지 않아서 정말 좋았습니다.

49. **㉠에 들어갈 알맞은 말을 고르십시오.**
   ① 아플 수 있습니다.
   ② 아프면 안 됩니다.
   ③ 아프지 않았습니다.
   ④ 아프기 시작했습니다.

50. **이 글의 내용과 같은 것을 고르십시오.**
   ① 저는 한국 여행이 즐거웠습니다.
   ② 저는 베트남에서 귀가 아팠습니다.
   ③ 저는 작년에 비행기를 처음 탔습니다.
   ④ 저는 비행기 안에서 약을 먹었습니다.

[51~52] **다음을 읽고 물음에 답하십시오.**

한국음악 박물관으로 오십시오. 한국음악 박물관에서는 한국의 옛날 악기를 보고 악기 소리를 들을 수 있습니다. (㉠) 사진을 보면서 한국음악의 역사에 대해서 알 수 있습니다. 주말에는 다양한 음악 공연을 볼 수 있습니다. 기념품을 살 수 있는 가게도 있습니다.

51. **㉠에 들어갈 알맞은 말을 고르십시오.** (3점)

① 그리고　　② 그래서
③ 그러면　　④ 그러나

52. **무엇에 대한 이야기인지 고르십시오.** (2점)

① 박물관의 역사
② 박물관을 만든 이유
③ 박물관에서 할 수 있는 일
④ 박물관에서 살 수 있는 악기

[53~54] **다음을 읽고 물음에 답하십시오.**

> 저는 맛있는 빵을 만드는 사람이 되고 싶습니다. 그래서 학원에서 빵 만드는 것을 배웁니다. 저녁에는 빵 가게에서 아르바이트를 합니다. 빵 가게에서 일을 하면 학원에서 배운 빵을 만들어 볼 수 있고 사람들이 좋아하는 빵을 알 수 있습니다. 제가 일하는 가게는 (㉠) 곳이라서 손님이 많이 옵니다. 일이 힘들지만 행복합니다.

53. **㉠에 들어갈 알맞은 말을 고르십시오.** (2점)

① 간단한　　② 한가한
③ 유명한　　④ 위험한

54. **이 글의 내용과 같은 것을 고르십시오.** (3점)

① 저는 이제 학원에 다니지 않습니다.
② 저는 빵 가게에서 일하는 것이 좋습니다.
③ 저는 오전에 빵 가게에서 아르바이트를 합니다.
④ 저는 빵 가게에서 빵을 만들어 보지 못했습니다.

[55~56] **다음을 읽고 물음에 답하십시오.**

> 이제 낚시를 하기 위해서 멀리 가지 않아도 됩니다. 도시에서 (㉠) 수 있는 '낚시 카페'가 있습니다. 이곳에서는 낚시에 필요한 물건을 빌려주고 낚시하는 방법을 가르쳐 줍니다. 물고기를 잡아서 바로 먹을 수 없지만 집으로 가지고 갈 수 있습니다.

55. **㉠에 들어갈 알맞은 말을 고르십시오.** (2점)

① 물고기를 팔
② 물고기를 먹을
③ 낚시 재료를 살
④ 편하게 낚시를 할

56. **이 글의 내용과 같은 것을 고르십시오.** (3점)

① 낚시 카페는 도시에서 먼 곳에 있습니다.
② 낚시 카페에서는 낚시하는 방법을 알려 줍니다.
③ 낚시에 필요한 물건은 직접 가지고 가야 합니다.
④ 낚시 카페에서 잡은 물고기는 가져갈 수 없습니다.

[57~58] **다음을 순서대로 맞게 나열한 것을 고르십시오.**

57. (3점)

(가) 그래서 건강에 관심이 생겼습니다.
(나) 내일부터 회사에 걸어 다닐 겁니다.
(다) 건강을 위해서 운동을 하려고 합니다.
(라) 요즘 조금만 일해도 빨리 피곤해집니다.

① (다)-(가)-(라)-(나)　　② (다)-(나)-(가)-(라)
③ (라)-(가)-(다)-(나)　　④ (라)-(나)-(가)-(다)

58. (2점)

(가) 학교 앞에서 어린이 교통사고가 많이 납니다.
(나) 또 어린이들이 갑자기 도로로 나올 때도 있습니다.
(다) 그래서 학교 앞에서 운전할 때는 조심해야 합니다.
(라) 어린이는 키가 작아서 운전할 때 잘 보이지 않습니다.

① (가)-(나)-(다)-(라)　　② (가)-(라)-(나)-(다)
③ (라)-(나)-(다)-(가)　　④ (라)-(다)-(가)-(나)

[59~60] **다음을 읽고 물음에 답하십시오.**

사람들은 보통 좋아하는 텔레비전 프로그램을 볼 때 조용히 봅니다. (㉠) 그러나 우리 가족은 다릅니다. (㉡) 드라마와 뉴스 이야기도 하지만 나와 아내의 회사 이야기도 하고 아이들의 학교 이야기도 합니다. (㉢) 텔레비전 소리를 못 들을 때가 있지만 가족들과 함께하는 이 시간이 정말 즐겁습니다. (㉣)

59. **다음 문장이 들어갈 곳을 고르십시오.** (2점)

텔레비전을 보면서 이야기를 많이 합니다.

① ㉠　② ㉡　③ ㉢　④ ㉣

60. **이 글의 내용과 같은 것을 고르십시오.** (3점)

① 아내와 나는 회사에 다니고 있습니다.
② 우리 가족은 다른 프로그램을 좋아합니다.
③ 텔레비전 때문에 가족 이야기를 못 듣습니다.
④ 우리 가족은 텔레비전을 같이 보는 것을 싫어합니다.

[61~62] **다음을 읽고 물음에 답하십시오.** (각 2점)

저는 발표를 잘합니다. 하지만 전에는 발표를 잘하지 못했습니다. 여러 사람들이 저를 보고 있어서 너무 긴장했기 때문입니다. 저는 발표를 잘하고 싶어서 (㉠) 연습을 많이 했습니다. 혼자서 연습하는 것을 휴대전화로 찍고 잘 못한 부분을 다시 연습했습니다.

61. **㉠에 들어갈 알맞은 말을 고르십시오.**

① 발표하면
② 발표한 지
③ 발표하니까
④ 발표하기 전에

62. **이 글의 내용과 같은 것을 고르십시오.**

① 저는 사람들 앞에서 연습했습니다.
② 저는 연습할 때 너무 긴장했습니다.
③ 저는 연습하는 것을 휴대전화로 찍었습니다.
④ 발표할 때 사람들이 잘 못한 부분을 말해 주었습니다.

[63~64] **다음을 읽고 물음에 답하십시오.**

받는 사람 : goodshoes@hankuk.com
보낸 사람 : ksj@daehan.net
제 목 : '좋은 구두' 쇼핑몰 담당자께

안녕하세요? 여러 번 전화했는데 통화 중이라서 이메일을 보냅니다. 저는 지난주 수요일에 이 인터넷 쇼핑몰에서 구두를 주문했습니다. 오늘 구두를 받아서 신어 봤는데 너무 불편합니다. 사이즈를 240으로 교환할 수 있을까요? 답장 기다리겠습니다.

김수진 드림

63. **왜 이 글을 썼는지 맞는 것을 고르십시오.** (2점)

① 주문 방법을 물어보려고
② 구두를 더 주문하고 싶어서
③ 구두 사이즈를 바꾸고 싶어서
④ 구두를 산 날짜를 확인하려고

64. **이 글의 내용과 같은 것을 고르십시오.** (3점)

① 지난주에 구두를 받았습니다.
② 인터넷으로 구두를 샀습니다.
③ 240 사이즈의 구두를 샀습니다.
④ 쇼핑몰에 이메일을 여러 번 보냈습니다.

[65~66] **다음을 읽고 물음에 답하십시오.**

설탕은 단맛을 낼 때 사용합니다. 음식을 오래 먹고 싶을 때 사용하기도 합니다. 그런데 설탕은 음식을 할 때만 쓰는 것은 아닙니다. 꽃병에 물과 함께 설탕을 넣으면 꽃을 오래 볼 수 있습니다. 옷을 빨 때 설탕을 넣으면 하얀색 옷이 더 깨끗해지고 설탕과 레몬을 같이 넣으면 옷이 부드러워집니다. 요리한 후에 손을 (㉠) 컵을 닦을 때 사용할 수도 있습니다.

65. **㉠에 들어갈 알맞은 말을 고르십시오.** (2점)

① 씻어서　　② 씻지만
③ 씻거나　　④ 씻는데

66. **이 글의 내용과 같은 것을 고르십시오.** (3점)

① 설탕을 넣은 음식은 빨리 먹어야 합니다.
② 꽃병에 설탕을 넣으면 꽃이 오래 삽니다.
③ 하얀 옷을 빨 때 설탕을 넣으면 좋지 않습니다.
④ 빨래할 때 레몬과 설탕을 함께 쓰면 안 됩니다.

[67~68] **다음을 읽고 물음에 답하십시오.** (각 3점)

한국에서는 아이의 첫 번째 생일을 '돌'이라고 말합니다. 돌에는 아이가 물건을 잡는 특별한 행사를 합니다. 아이가 공을 잡으면 운동선수, 마이크를 잡으면 연예인이 될 것이라고 생각합니다. 연필은 선생님, 돈은 부자를 의미합니다. 아이 앞에 놓는 물건들의 (㉠) 모두 아이의 건강과 행복을 생각하는 마음이 들어 있습니다.

67. **㉠에 들어갈 알맞은 말을 고르십시오.**
① 의미는 다르지만
② 색깔은 다양하지만
③ 모양은 특별하지만
④ 분위기는 비슷하지만

68. **이 글의 내용과 같은 것을 고르십시오.**
① 공은 부자가 되는 것을 의미합니다.
② 아이가 물건을 많이 잡으면 더 좋습니다.
③ 물건을 잡는 행사는 첫 번째 생일에 합니다.
④ 마이크를 잡으면 선생님이 될 것이라고 생각합니다.

[69~70] **다음을 읽고 물음에 답하십시오.** (각 3점)

> 저는 일 때문에 외국에서 삽니다. 여기는 언제나 여름입니다. 저와 아이들은 한국의 (㉠). 특히 예쁜 꽃이 피는 봄과 단풍을 볼 수 있는 가을이 그립습니다. 그런데 오늘 한국에 계시는 아버지에게서 소포가 왔습니다. 아버지가 그리신 고향의 사계절 그림이었습니다. 저는 고향의 사계절을 선물해 주신 아버지가 고마웠습니다.

69. **㉠에 들어갈 알맞은 말을 고르십시오.**
   ① 일을 걱정했습니다.
   ② 생활을 잊었습니다.
   ③ 친구와 자주 연락합니다.
   ④ 사계절을 많이 생각합니다.

70. **이 글의 내용으로 알 수 있는 것을 고르십시오.**
   ① 아버지는 자주 계절 그림을 보내 줍니다.
   ② 제가 사는 곳의 꽃과 단풍이 아름답습니다.
   ③ 저는 아버지와 이곳에서 함께 살고 싶습니다.
   ④ 저는 소포를 받고 아버지의 사랑을 느꼈습니다.

TOPIK 한국어능력시험Ⅰ 제60회 시험이 모두 끝났습니다.

TOPIK

@ 韓国語学習 Tip

韓国語基本学習文法項目表

(基礎/初級)

区分	文法項目
連結語尾 연결 어미	~고, ~지만, ~아/어서/여서(계기), ~아/어서/여서(이유), ~(으)니까, ~(으)ㄴ데, ~거나, ~는데, ~(으)러, ~(으)려고, ~(으)면서, ~(으)면, ~게,
接続母 종결 어미	~ㅂ/습니까, ~ㅂ~/습니다, ~아/어요(평서형), ~아/어요(의문형), ~아/어요(청유형), ~(이)지요?, ~지요, ~(으)ㄹ까요, ~(으)ㄹ래요, ~(으)ㅂ시다, ~(으)세요, ~(으)십시오, ~(으)ㄹ게요, ~아/어서요, ~(으)니까요, ~(으)ㄴ데(요), ~(이)ㄴ데요, ~고요, ~(으)려고요, ~군요, ~네요, ~는군, ~요.
先語末語尾 선어말 어미	~았/었/였~, ~겠~, ~(으)시~.
冠形形語尾 관형형 어미	~(은)ㄴ, ~는, ~(으)ㄹ
名詞形語尾 명사형 어미	~음/ㅁ, ~기
複合表現 복합 표현	이/가 아니다, ~고 있다, ~고 싶다, ~지 않다, ~지 못하다, ~지 말다, ~(으)ㄹ것이다, ~(으)ㄴ것 같다, ~는 것 같다, ~(으)ㄹ것 같다, ~(으)ㄴ후에, ~(으)ㄹ때, ~기 전에, ~기 때문에, ~(으)ㄴ지, ~(으)러 가다, ~(으)러 오다, ~(으)려고 하다, ~(으)ㄹ수 있다, ~(으)ㄹ수 없다, ~아/어/여도 되다, ~아/어/여야 되다, ~아/어/여야 하다, ~아/어/여 보다, ~아/어/여 주다, ~기로 하다, ~는 게 좋겠다, ~았/었/였으면 좋겠다, ~(으)ㄴ적이 있다, ~(으)ㄴ적이 없다, ~(으)ㄹ까, 봐, ~(으)ㄹ까 하다, ~게 되다.
副詞格助詞 부사격조사	에(장소), 에(시간), 에서, 서, 에게, 한테, 께, 하고, (이)랑, 와/과, 으로, 에게서, 한테서, 보다, 처럼
補助詞 보조사	까지, 도, 마다, 만, 밖에, 부터, 은/는, 이나
接續助詞 접속 조사	하고, 와/과, (이)랑, (이)나
主格助詞 주격 조사	이/가, 께서
目的格助詞 목적격 조사	을/를
冠型格助詞 관형격 조사	의
補格助詞 보격 조사	이/가
否定副詞 부정 부사	안, 못

TOPIK

Test of Proficiency In Korean

解答

시험 회차 : **제 47회** | 시험 수준 : TOPIK Ⅰ

TOPIK 試験問題解答表 (1時間目 듣기 : 1번~30번)

문항번호	정답	문항번호	정답
1	③	16	②
2	④	17	④
3	①	18	②
4	③	19	②
5	④	20	③
6	①	21	④
7	①	22	③
8	②	23	②
9	②	24	④
10	④	25	④
11	①	26	①
12	③	27	②
13	②	28	①
14	③	29	③
15	①	30	④

시험 회차 : **제 47회** | 시험 수준 : TOPIK Ⅰ

TOPIK 試験問題解答表 (1時間目 읽기 : 31번~70번)

문항번호	정답	문항번호	정답
31	④	51	②
32	④	52	③
33	③	53	④
34	④	54	①
35	①	55	④
36	①	56	①
37	②	57	④
38	②	58	③
39	①	59	③
40	④	60	①
41	④	61	①
42	③	62	②
43	④	63	②
44	③	64	④
45	②	65	③
46	②	66	④
47	③	67	③
48	①	68	②
49	③	69	②
50	②	70	①

시험 회차 : **제52 회** | 시험 수준 : TOPIK Ⅰ

TOPIK 試験問題解答表 (1時間目 듣기 : 1번~30번)

문항번호	정답	문항번호	정답
1	③	16	③
2	②	17	①
3	③	18	③
4	④	19	④
5	③	20	①
6	①	21	②
7	①	22	①
8	②	23	①
9	④	24	④
10	②	25	④
11	①	26	③
12	②	27	①
13	④	28	②
14	③	29	③
15	②	30	④

시험 회차 : **제52 회** | 시험 수준 : TOPIK Ⅰ

TOPIK 試験問題解答表 (1時間目 읽기 : 31번~70번)

문항번호	정답	문항번호	정답
31	①	51	③
32	②	52	①
33	①	53	④
34	③	54	④
35	②	55	③
36	①	56	③
37	②	57	②
38	④	58	④
39	③	59	③
40	①	60	②
41	④	61	①
42	④	62	②
43	④	63	②
44	①	64	③
45	④	65	④
46	②	66	①
47	③	67	②
48	③	68	②
49	①	69	③
50	①	70	④

시험 회차 : **제60 회** | 시험 수준 : TOPIK Ⅰ

TOPIK 試驗問題解答表 (1時間目 듣기 : 1번~30번)

문항번호	정답	문항번호	정답
1	②	16	①
2	③	17	④
3	④	18	③
4	②	19	④
5	②	20	④
6	③	21	③
7	④	22	③
8	③	23	①
9	①	24	④
10	①	25	②
11	②	26	④
12	①	27	③
13	②	28	①
14	③	29	④
15	②	30	①

시험 회차 : **제60 회** | 시험 수준 : TOPIK Ⅰ

TOPIK 試驗問題解答表 (1時間目 읽기 : 31번~70번)

문항번호	정답	문항번호	정답
31	②	51	①
32	①	52	③
33	④	53	③
34	③	54	②
35	①	55	④
36	④	56	②
37	①	57	③
38	②	58	②
39	④	59	②
40	①	60	①
41	①	61	④
42	②	62	③
43	①	63	③
44	④	64	②
45	④	65	③
46	③	66	②
47	①	67	①
48	②	68	③
49	④	69	④
50	③	70	④

TOPIK

Test of Proficiency In Korean

聞き取り問題

音声台本

音声台本 Listening script TOPIK Ⅰ 第47回 1교시

1~30번 문항

[1~4] **다음을 듣고 <보기>와 같이 물음에 맞는 대답을 고르십시오.**

〈보 기〉

가 : 공부를 해요?
나 : ______________________

❶ 네, 공부를 해요.　　② 아니요, 공부예요.
③ 네, 공부가 아니에요.　　④ 아니요, 공부를 좋아해요.

1. (4점)

여자: 책이 많아요?
남자: ______________________

2. (4점)

남자: 주스를 마셔요?
여자: ______________________

3. (3점)

남자: 언제 친구를 만나요?
여자: ______________________

4. (3점)

남자: 집에 어떻게 가요?
여자: ______________________

[5~6] **다음을 듣고 <보기>와 같이 다음 말에 이어지는 것을 고르십시오.**

〈보 기〉

가 : 안녕히 계세요.
나 : ______________________

① 들어오세요.　　② 어서 오세요.
③ 안녕히 계세요.　　❹ 안녕히 가세요.

5. (4점)

여자: 처음 뵙겠습니다.
남자: ______________________

6. (3점)

여자: 여기 앉으세요.
남자: ______________________

[7 ~ 10] **여기는 어디입니까? <보기>와 같이 알맞은 것을 고르십시오.**

〈보 기〉

가 : 내일까지 숙제를 꼭 내세요.
나 : 네, 선생님.

① 역　② 공항　❸ 교실　④ 가게

7. (3점)

남자: 여기 김밥 하나하고 라면 하나 주세요.
여자: 네, 알겠습니다.

8. (3점)

남자: 어떻게 오셨어요?
여자: 통장을 만들고 싶어요.

9. (3점)

남자: 사장님 안에 계세요?
여자: 지금 회의실에 계세요.

10. (4점)

남자: 손님, 뭘 찾으세요?
여자: 사전은 어디에 있어요?

[11 ~ 14] **다음은 무엇에 대해 말하고 있습니까? <보기>와 같이 알맞은 것을 고르십시오.**

〈보 기〉

가 : 이 아파트에 살아요?
나 : 네. 5층에 살아요.

① 일 ❷ 집 ③ 주소 ④ 달력

11. (3점)

여자: 형제가 있어요?
남자: 네, 동생이 한 명 있어요.

12. (3점)

여자: 내일 뭘 신을 거예요?
남자: 구두를 신을 거예요.

13. (4점)

남자: 수미 씨, 내일 쇼핑하러 갈까요?
여자: 좋아요. 두 시에 만나요.

14. (3점)

남자: 바람이 많이 불어요.
여자: 네, 비도 올 것 같아요.

[15 ~ 16] **다음 대화를 듣고 알맞은 그림을 고르십시오.** (각 4점)

15.

여자: 저거 우리 가방 같은데요.
남자: 제가 가지고 올게요. 잠깐만 기다려요.

16.

남자: 음,, 편하고 좋네요. 그런데 좀 짧은 거 같아요.
여자: 그럼 이 바지를 한 번 입어 보세요,

[17 ~ 21] **다음을 듣고 <보기>와 같이 대화 내용과 같은 것을 고르십시오.** (각 3점)

〈보 기〉

남자: 요즘 한국어를 공부해요?
여자: 네. 한국 친구한테서 한국어를 배워요.

① 남자는 학생입니다.
② 여자는 학교에 다닙니다.
③ 남자는 한국어를 가르칩니다.
❹ 여자는 한국어를 공부합니다.

17.

남자: 지금 부산 가는 버스 있어요?
여자: 잠깐만요. (자판기 두드리는 소리) 30분 후에 출발하는 버스가 있어요.
남자: 그거 한 장 주세요.

18.

여자: 요즘 테니스를 치고 있는데 재미있어요. 민수씨도 테니스 칠 수 있어요?
남자: 아니요. 저는 한 번도 쳐 본 적이 없어요.
여자: 그래요? 제가 가르쳐줄 수 있는데 한번 배워 볼래요?
남자: 좋아요. 이번 주 토요일에 시간이 있으니까 가르쳐주세요.

19.

여자: (전화벨 울리는 소리) 네, 한국식당입니다.
남자: 예약 좀 하려고 하는데요. 오늘 저녁 6시오.
여자: 몇 분이 오실 거예요?
남자: 10명이요. 메뉴는 갈비탕으로 해 주세요.

20.

남자: 내년에 우리 졸업하는데 수미 씨는 뭐 할 거예요?
여자: 외국에 가서 일하려고 해요.
남자: 그래요? 무슨 일을 하고 싶은데요?
여자: 컴퓨터 회사에서 일하고 싶어요. 그래서 지금 준비하고 있어요.

21.

여자: 지난 주말에 한옥마을에 처음 가 봤는데 정말 좋았어요.
남자: 저도 작년에 가 봤어요. 한옥에서 차를 마시고 잠도 잤어요.
여자: 그랬어요? 저는 시간이 없어서 그렇게 못 했어요.
남자: 그럼 다음에 한 번 더 가 보세요.

[22 ~ 24] **다음을 듣고 여자의 중심 생각을 고르십시오.** (각 3점)

22.

남자: 수미 씨, 이번 휴가 때 뭐 할 거예요?
여자: 아무데도 안 가고 집에 있을 거예요. 그냥 쉬고 싶어요.
남자: 휴가인데 특별한 계획 없어요? 저는 가족들하고 여행 가려고 해요.
여자: 여행가면 더 피곤해요. 저는 휴가 때마다 항상 집에서 책을 읽거나 잠을 자면서 보내요.

23.

남자: 오늘 우리가 해야 할 일이 너무 많네요. 회의 준비도 해야 하고, 서류정리도 해야 하고…….
여자: 회의는 모레니까 아직 시간이 있어요. 지금 하고 있는 일을 먼저 하고 이따가 준비해도 돼요.
남자: 지금 하는 일은 오늘까지 끝내야 하는 거지요?
여자: 네, 맞아요. 그러니까 우선 이 일부터 해요.

24.

남자: 어제 잠을 못 자서 좀 피곤하네요.
여자: 그러면 이 사탕 한 번 먹어 볼래요? 저는 피곤할 때 이런 걸 먹으면 힘이 나고 기분이 좋아지거든요.
남자: 고마워요. 그런데 저는 단 것을 별로 좋아하지 않아요. 건강에도 안 좋잖아요.
여자: 자주 먹는 게 아니고 피곤할 때만 먹는 거니까 괜찮아요.

[25 ~ 26] **다음을 듣고 물음에 답하십시오.**

여자: (딩동댕) 알립니다. 기숙사 건물 계단을 청소하려고 합니다. 청소 시간은 이번 주 금요일 오후 1시부터 6시까지입니다. 이 시간 동안 학생들은 계단으로 다닐 수 없습니다. 엘리베이터를 이용해 주십시오. 그리고 계단에 둔 자기 물건은 목요일 밤까지 모두 가져가 주시기 바랍니다. 감사합니다. (댕동딩)

25. **여자가 왜 이 이야기를 하고 있는지 고르십시오.** (3점)

26. **들은 내용과 같은 것을 고르십시오.** (4점)

[27 ~ 28] **다음을 듣고 물음에 답하십시오.**

여자: 민수 씨, 아침에 이메일 봤어요?
남자: 아니요. 아직 못 봤어요. 무슨 이메일인데요?
여자: 다음 달부터 회사 식당이 아침에도 문을 열어요.
남자: 그래요? 이제 회사 식당에서 아침을 먹어야겠네요. 제가 혼자 살아서 아침을 못 먹을 때가 많거든요.
여자: 저는 집에서 먹고 출근하는데 다음 달부터 회사에서 먹으려고 해요. 그러면 시간을 아낄 수 있을 것 같아서요.
남자: 그럼 가끔 식당에서 만날 수 있겠네요.

27. **두 사람이 무엇에 대해 이야기를 하고 있는지 고르십시오.** (3점)

28. **들은 내용과 같은 것을 고르십시오.** (4점)

[29 ~ 30] **다음을 듣고 물음에 답하십시오.**

남자: 기타 연습 많이 했어요? 그동안 연습한 거 한번 쳐 볼래요?
여자: 죄송해요, 선생님. 연습을 많이 못 했어요.
남자: 기타를 잘 치려면 매일 잊지 않고 연습하는 게 중요해요.
여자: 그건 아는데 연습하는 걸 자꾸 잊어버려요.
남자: 그럼 기타를 잘 보이는 곳에 두세요. 그러면 기타가 자꾸 보이니까 연습하는 걸 잊지 않겠지요.
여자: 아, 그럼 저는 기타를 소파 옆에 두어야겠어요. 집에 가면 주로 소파에 앉아서 텔레비전을 보거나 음악을 듣거든요.

29. **여자가 기타 연습을 자주 못하는 이유를 고르십시오.** (3점)

30. **들은 내용과 같은 것을 고르십시오.** (4점)

- 1교시 / 듣기 대본 끝 -

音声台本 Listening script TOPIK Ⅰ 第52回 1교시

1～30번 문항

[1～4] **다음을 듣고 <보기>와 같이 물음에 맞는 대답을 고르십시오.**

〈보 기〉

가 : 공책이에요?
나 : ____________________

❶ 네, 공책이에요.　　② 네, 공책이 없어요.
③ 아니요, 공책이 싸요.　　④ 아니요, 공책이 커요.

1. (4점)

여자: 영화를 봐요?
남자: ____________________

2. (4점)

남자: 사람이 많아요?
여자: ____________________

3. (3점)

여자: 모자를 언제 샀어요?
남자: ____________________

4. (3점)

남자: 무슨 일을 해요?
여자: ____________________

[5 ~ 6] **다음을 듣고 <보기>와 같이 다음 말에 이어지는 것을 고르십시오.**

〈보 기〉

가 : 맛있게 드세요.
나 : ________________

① 좋겠습니다　　② 모르겠습니다.
③ 잘 지냈습니다.　　❹ 잘 먹겠습니다.

5. (4점)

여자: 안녕히 가세요.
남자: ________________

6. (3점)

남자: 여보세요, 김수미 씨 좀 부탁합니다.
여자: ________________

[7 ~ 10] 여기는 어디입니까? <보기>와 같이 알맞은 것을 고르십시오.

〈보 기〉

가 : 내일까지 숙제를 꼭 내세요.
나 : 네, 선생님.

❶ 교실　　② 공항　　③ 가게　　④ 병원

7. (3점)

여자: 서울역으로 가 주세요.
남자: 네, 알겠습니다.

8. (3점)

남자: 어떤 걸로 드릴까요?
여자: 저 딸기 케이크 주세요.

9. (3점)

여자: 이 소포 미국에 보내고 싶은데요.
남자: 안에 뭐가 들어 있어요?

10. (4점)

남자: 요리책은 어디에 있어요?
여자: 2층에 있습니다, 손님.

[11 ~ 14] **다음은 무엇에 대해 말하고 있습니까? <보기>와 같이 알맞은 것을 고르십시오.**

〈보 기〉

가 : 누구예요?
나 : 이 사람은 형이고, 이 사람은 동생이에요.

❶ 가족　　② 나라　　③ 고향　　④ 운동

11. (3점)

남자: 몇 시에 학교에 가요?
여자: 열 시에 가요.

12. (3점)

여자: 민수 씨, 요즘도 수영해요?
남자: 네. 그리고 테니스도 배우고 있어요.

13. (4점)

남자: 마리 씨 고향은 지금 겨울이에요?
여자: 아니요. 여름이에요.

14. (3점)

여자: 은행이 어디에 있어요?
남자: 저 커피숍 뒤에 있어요.

[15 ~ 16] **다음 대화를 듣고 알맞은 그림을 고르십시오.** (각 4점)

15.

여자: 뭘 드릴까요? 손님.
남자: 김밥 하나 주세요.

16.

여자: 비가 오네요. 우산이 없는데…….
남자: 그래요? 저하고 같이 써요.

[17 ~ 21] **다음을 듣고 <보기>와 같이 대화 내용과 같은 것을 고르십시오.**(각 3점)

〈보 기〉

남자: 요즘 한국어를 공부해요?
여자: 네. 한국 친구한테서 한국어를 배워요.

① 남자는 학생입니다.
② 여자는 학교에 다닙니다.
③ 남자는 한국어를 가르칩니다.
❹ 여자는 한국어를 공부합니다.

17.

남자: 여자 친구한테 선물하고 싶은데 어떤 꽃이 좋을까요?
여자: 장미꽃이 좋을 것 같아요.
남자: 그럼 장미꽃으로 열 송이 주세요.

18.

남자: 저는 방학에 아르바이트도 하고 여행도 했어요. 수미 씨는 뭐 했어요?
여자: (슬픈 목소리로) 저는 도서관에서 시험공부만 했어요.
남자: 그래요? 시험이 언제예요?
여자: 다음 주에 있어요. 그래서 오늘도 도서관에 공부하러 갈 거예요.

19.

남자: (걱정하는 목소리로) 미영 씨, 왜 그래요? 어디 안 좋아요?
여자: 아침부터 머리가 너무 아파요. 지금은 열도 나고요.
남자: 그럼 일찍 가서 좀 쉬는 게 어때요?
여자: 감사합니다, 과장님. 이 일만 끝내고 가겠습니다.

20.

남자: 김현수 선수가 와서 농구를 가르쳐 주는 행사가 있어요.
여자: 그래요? 제가 고등학생 때부터 좋아하는 선수인데…….
남자: 그럼 같이 신청할래요? 이번 주까지 하면 돼요.
여자: 네, 좋아요.

21.

여자: (감탄하며) 와, 집에 만화책이 정말 많네요.
남자: 제가 만화책을 좋아해서 몇 년 전부터 모으고 있어요.
여자: 여기 외국 만화책도 있네요. 이건 어떻게 샀어요?
남자: 외국에 사는 친구들한테 부탁해서 받은 거예요.

[22 ~ 24] **다음을 듣고 여자의 중심 생각을 고르십시오.** (각 3점)

22.

남자: 아침밥을 못 먹고 와서 배가 고프네요.
여자: 이제 곧 수업 시작하는데……. 그럼 이 우유 마실래요?
남자: 고마워요. 저는 늦게 일어나서 아침을 못 먹을 때가 많아요.
여자: 아침밥을 먹는 게 건강에 좋아요. 그리고 공부도 잘 할 수 있고요.

23.

남자: 회사에서 집까지 얼마나 걸려요?
여자: 우리 집은 회사에서 좀 멀어요. 버스로 한 시간쯤 걸려요.
남자: 그럼 회사 근처로 이사 오지 그래요? 아침에 힘들지 않아요?
여자: 집이 좀 멀지만 근처에 산도 있고 공원도 있어서 좋아요.

24.

남자: 인터넷으로 구두를 샀는데 좀 크네요. 바꾸는 게 좋겠지요?
여자: 네. 저도 그런 적이 있어서 인터넷으로 신발을 잘 안 사요.
남자: 인터넷으로 신발을 사면 가게에 안 가서 편한데…….
여자: 하지만 이렇게 물건을 바꿔야 할 때는 다시 보내고 받아야 해서 시간이 걸리잖아요.

[25 ~ 26] **다음을 듣고 물음에 답하십시오.**

여자: (딩동댕) 승객 여러분, 안녕하십니까? 이 버스는 시청에서 출발해서 중앙공원까지 가는 서울 투어 버스입니다. 중간에 내려서 관광지를 구경할 수 있고, 다음 버스를 탈 때는 표를 다시 사지 않아도 됩니다. 버스는 삼십 분마다 서울 투어 버스 정류장에서 이용하실 수 있습니다. 감사합니다. (댕동딩)

25. **여자가 왜 이 이야기를 하고 있는지 고르십시오.** (3점)

26. **들은 내용과 같은 것을 고르십시오.** (4점)

[27 ~ 28] **다음을 듣고 물음에 답하십시오.**

여자: 네, 인주 서비스 센터입니다. 무엇을 도와 드릴까요?
남자: 새로 산 텔레비전이 갑자기 소리가 안 나와요.
여자: 그럼 텔레비전을 한번 꺼 보세요. 그리고 잠시 후에 다시 켜 보세요.
남자: 그렇게 해 봤는데 안 돼요. (잠시 쉬고) 오늘 고칠 수 있을까요?
여자: 오늘은 늦어서 어렵고요. 내일 오전에 직원이 연락드리고 고치러 갈 겁니다.
남자: 네, 알겠습니다.

27. **두 사람이 무엇에 대해 이야기를 하고 있는지 고르십시오.** (3점)

28. **들은 내용과 같은 것을 고르십시오.** (4점)

[29 ~ 30] **다음을 듣고 물음에 답하십시오.**

남자: 이번 한국어 말하기 대회에서 1등을 하셨는데요. 기분이 어떠세요?
여자: 잘하는 학생들이 많았는데 제가 상을 받아서 정말 기뻐요.
남자: 그렇군요. 실수도 하지 않고 자연스럽게 잘하셔서 정말 놀랐어요.
여자: 사실 제가 사람들 앞에서 긴장을 많이 해요. 그래서 친구들 앞에서 매일 말하기 연습을 했어요. 또 한국어 선생님께서 발음 연습을 도와 주셨어요. 그 덕분에 1등을 한 것 같아요.
남자: 네, 그런데 이번 대회에는 어떻게 참가하게 되셨어요?
여자: 이번이 한국에서 공부하는 마지막 학기라서 그동안 해 보지 못한 경험을 하고 싶었어요.

29. **여자가 대회에 참가한 이유를 고르십시오.** (3점)

30. **들은 내용과 같은 것을 고르십시오.** (4점)

– 1교시 / 듣기 대본 끝 –

音声台本 Listening script TOPIK Ⅰ 第60回 1교시

1 ~ 30번 문항

[1~4] 다음을 듣고 <보기>와 같이 물음에 맞는 대답을 고르십시오.

〈보 기〉

가 : 공부를 해요?
나 : ____________________

❶ 네, 공부를 해요. ② 아니요, 공부예요.
③ 네, 공부가 아니에요. ④ 아니요, 공부를 좋아해요.

1. (4점)

남자: 사과가 맛있어요?
여자: ____________________

2. (4점)

여자: 오늘 학교에 가요?
남자: ____________________

3. (3점)

남자: 이거 어디에서 샀어요?
여자: ____________________

4. (3점)

여자 : 지금 뭐 해요?
남자: ____________________

[5~6] 다음을 듣고 <보기>와 같이 이어지는 말을 고르십시오.

〈보 기〉

가 : 맛있게 드세요.
나 : ______________________________

① 좋겠습니다. ② 모르겠습니다.
❸ 먹겠습니다.. ④ 처음 뵙겠습니다.

5. (4점)

남자: 생일 축하해요.
여자: ______________________________

6. (3점)

여자: 민수 씨, 잘 가요.
남자: ______________________________

[7~10] **여기는 어디입니까? <보기>와 같이 알맞은 것을 고르십시오.**

〈보 기〉

가: 어디가 아프세요?
나: 배가 아파요

① 공항　　② 빵집　　❸ 병원　　④ 호텔

7. (3점)

여자: 남자 옷은 어디 있어요?
남자: 3층에 있습니다.

8. (3점)

남자: 모두 두 권입니까?
여자: 네. 이 책 두 권 빌려 주세요.

9. (3점)

여자: 이거 한국 돈으로 바꾸고 싶어요.
남자: 얼마나 바꿔 드릴까요?

10. (4점)

남자: 수미 씨 5번 버스 왔어요.
여자: 그럼 저 먼저 갈게요.

[11~14] **다음은 무엇에 대해 말하고 있습니까? <보기>와 같이 알맞은 것을 고르십시오.**

〈보 기〉

가: 몇 살이에요?
나: 스무 살이에요.

❶ 나이　　② 선물　　③ 요일　　④ 주소

11. (3점)

남자: 방이 몇 개예요?
여자: 두 개예요.

12. (3점)

여자: 저는 영화를 좋아해요. 민수 씨는요?
남자: 저는 운동을 좋아해요.

13. (4점)

남자: 여기 일요일에 쉬어요?
여자: 아니요. 저희는 월요일에 쉽니다.

14. (3점)

여자: 민수 씨는 계속 서울에 살았어요?
남자: 네. 저는 서울에서 태어났어요.

[15~16] **다음 대화를 듣고 알맞은 그림을 고르십시오.** (각 4점)

15.

여자: 이 수박 얼마예요?
남자: 만 원이에요. 하나 드릴까요?

16.

남자: 수미 씨, 늦어서 미안해요.
여자: 아직 영화 시작 안 했어요. 들어가요.

[17~21] **다음을 듣고 <보기>와 같이 대화 내용과 같은 것을 고르십시오.** (각 3점)

〈보 기〉

남자: 요즘 한국어를 공부해요?
여자: 네. 한국 친구한테서 한국어를 배워요.

① 남자는 학생입니다.
② 여자는 학교에 다닙니다.
③ 남자는 한국어를 가르칩니다.
❹ 여자는 한국어를 공부합니다.

17.

여자: 민수 씨는 보통 저녁을 집에서 먹어요?
남자: 네, 요리하는 걸 좋아해서 만들어서 먹어요. 수미 씨는요?
여자: 저는 요리를 잘 못해요. 그래서 밖에서 자주 먹어요.

18.

남자: 저, 어머니 선물을 좀 사려고 하는데요.
여자: 이 티셔츠는 어떠세요?
남자: 예쁘네요. 그걸로 주세요. 얼마예요?
여자: 삼만 원입니다.

19.

남자: 수미 씨, 어제는 왜 학교에 안 왔어요?
여자: 몸이 안 좋아서 집에 있었어요.
남자: 그랬어요? 지금은 괜찮아요?
여자: 네. 푹 쉬어서 이제 괜찮아요.

20.

여자: 민수 씨, 회의 준비 다 했어요?
남자: 네, 조금 전에 다 했습니다.
여자: 그럼 지금 회의 시작할까요?
남자: 네. 회의실로 가겠습니다.

21.

여자: 오랜만에 미술관에 오니까 좋네요. 같이 와 줘서 고마워요.
남자: 아니에요. 저도 오고 싶었어요.
여자: 그런데 혹시 그림을 배운 적이 있어요? 그림을 잘 아는 것 같아서요.
남자: 아니요. 그림을 좋아해서 평소에 많이 봐요.

[22~24] **다음을 듣고 <u>여자</u>의 중심 생각을 고르십시오.** (각 3점)

22.

남자: 수미 씨는 회사에 차를 안 가지고 다녀요?
여자: 네. 저는 지하철로 다녀요.
남자: 운전해서 다니는 게 편하지 않아요?
여자: 아니요. 길이 막혀서 지하철을 타는 게 편해요.

23.

남자: 손님, 두 분이세요? 저기 안쪽 자리 어떠세요?
여자: 창문 쪽은 오래 기다려야 돼요?
남자: 30분 정도 기다리셔야 합니다.
여자: 그럼 기다릴게요. 창문 밖 경치가 좋아서요.

24.

여자: 우리 여행 가서 뭐 할까요? 이제 계획을 세워야죠.
남자: 가서 정하는 게 어때요? 다 정하고 가면 재미가 없을 것 같아요.
여자: 그렇지만 미리 계획을 하고 가면 시간을 잘 쓸 수 있잖아요.
남자: 거기에 가서 알아보면 더 좋은 곳이 있을 수도 있어요.

[25~26] **다음을 듣고 물음에 답하십시오.**

여자: (딩동댕) 학생회에서 알립니다. 다음 주 금요일에 열리는 '동아리 발표회' 행사가 올해는 체육관에서 열립니다. 작년보다 많은 동아리가 신청을 해서 발표회를 체육관에서 하게 되었습니다. 학생회관으로 가지 마시고, 체육관으로 와 주시기 바랍니다. 재미있는 공연도 볼 수 있으니까 많이 와 주세요. 감사합니다. (댕동딩)

25. **여자가 왜 이 이야기를 하고 있는지 고르십시오.** (3점)

26. **들은 내용과 같은 것을 고르십시오.** (4점)

[27~28] **다음을 듣고 물음에 답하십시오.**

남자: 나도 운동 좀 해야 하는데……. 수미 씨는 요즘 무슨 운동 하세요?
여자: 저는 인터넷으로 요가 수업을 듣고 있는데, 생각보다 괜찮아요.
남자: 아, 인터넷으로 운동을 하면 집에서 할 수 있으니까 좋겠네요.
여자: 네. 그리고 어려우면 화면을 멈추고 자세히 볼 수 있어서 좋아요.
남자: 필요하면 다시 봐도 되고요.
여자: 맞아요. 또 시간이 없으면 밤늦게 하거나 아침 일찍 해도 돼요.

27. **두 사람이 무엇에 대해 이야기를 하고 있는지 고르십시오.** (3점)

28. **들은 내용과 같은 것을 고르십시오.** (4점)

[29~30] **다음을 듣고 물음에 답하십시오.**

여자: 작가님의 책이 외국인들에게 인기가 많습니다. 어떤 책인가요?
남자: 한국인의 재미있는 생활 모습에 대한 책이에요. 방에 신발을 벗고 들어가거나 음식을 자를 때 가위를 사용하는 것처럼요.
여자: 그런데 어떻게 이런 책을 쓰셨어요?
남자: 제가 호텔에서 일했는데, 그때 외국 손님들이 한국에 대한 질문을 많이 했어요. 그래서 이런 책을 생각하게 됐죠.
여자: 그렇군요, 두 번째 책도 준비하고 계세요?
남자: 네. 외국인들에게 알려 주고 싶은 것이 아직 많아요. 이번에는 한국의 아름다운 장소를 소개하는 책을 써 보려고요.

29. **남자가 이 책을 쓴 이유를 고르십시오.** (3점)

30. **들은 내용과 같은 것을 고르십시오.** (4점)

– 1교시 / 듣기 대본 끝 –

TOPIK

Test of Proficiency In Korean

答案用紙

제 회 한국어능력시험
TOPIK I
듣기, 읽기

성 명 (Name)	한 국 어 (Korean)	
	영 어 (English)	

수 험 번 호											
					7						
⓪	⓪	⓪	⓪	⓪		⓪	⓪	⓪	⓪	⓪	⓪
①	①	①	①	①		①	①	①	①	①	①
②	②	②	②	②		②	②	②	②	②	②
③	③	③	③	③		③	③	③	③	③	③
④	④	④	④	④		④	④	④	④	④	④
⑤	⑤	⑤	⑤	⑤		⑤	⑤	⑤	⑤	⑤	⑤
⑥	⑥	⑥	⑥	⑥		⑥	⑥	⑥	⑥	⑥	⑥
⑦	⑦	⑦	⑦	⑦	●	⑦	⑦	⑦	⑦	⑦	⑦
⑧	⑧	⑧	⑧	⑧		⑧	⑧	⑧	⑧	⑧	⑧
⑨	⑨	⑨	⑨	⑨		⑨	⑨	⑨	⑨	⑨	⑨

※결 시 확인란	결시자의 영어 성명 및 수험번호 기재 후 표기	○

※답안지 표기 방법(Marking examples)	
바른 방법(Correct)	바르지 못한 방법(Incorrect)
●	✓ ⊙ ◐ ⊗ ✗

※ 위 사항을 지키지 않아 발생하는 불이익은 응시자에게 있습니다.

※감독관 확 인	본인 및 수험번호 표기가 정확한지 확인	(인)

번호	답		란	
1	①	②	③	④
2	①	②	③	④
3	①	②	③	④
4	①	②	③	④
5	①	②	③	④
6	①	②	③	④
7	①	②	③	④
8	①	②	③	④
9	①	②	③	④
10	①	②	③	④
11	①	②	③	④
12	①	②	③	④
13	①	②	③	④
14	①	②	③	④
15	①	②	③	④
16	①	②	③	④
17	①	②	③	④
18	①	②	③	④
19	①	②	③	④
20	①	②	③	④

번호	답		란	
21	①	②	③	④
22	①	②	③	④
23	①	②	③	④
24	①	②	③	④
25	①	②	③	④
26	①	②	③	④
27	①	②	③	④
28	①	②	③	④
29	①	②	③	④
30	①	②	③	④
31	①	②	③	④
32	①	②	③	④
33	①	②	③	④
34	①	②	③	④
35	①	②	③	④
36	①	②	③	④
37	①	②	③	④
38	①	②	③	④
39	①	②	③	④
40	①	②	③	④

번호	답		란	
41	①	②	③	④
42	①	②	③	④
43	①	②	③	④
44	①	②	③	④
45	①	②	③	④
46	①	②	③	④
47	①	②	③	④
48	①	②	③	④
49	①	②	③	④
50	①	②	③	④
51	①	②	③	④
52	①	②	③	④
53	①	②	③	④
54	①	②	③	④
55	①	②	③	④
56	①	②	③	④
57	①	②	③	④
58	①	②	③	④
59	①	②	③	④
60	①	②	③	④

번호	답		란	
61	①	②	③	④
62	①	②	③	④
63	①	②	③	④
64	①	②	③	④
65	①	②	③	④
66	①	②	③	④
67	①	②	③	④
68	①	②	③	④
69	①	②	③	④
70	①	②	③	④

제 회 한국어능력시험
TOPIK Ⅰ
듣기, 읽기

성 명 (Name)	한 국 어 (Korean)	
	영 어 (English)	

수	험	번	호								
					7						
⓪	⓪	⓪	⓪	⓪		⓪	⓪	⓪	⓪	⓪	⓪
①	①	①	①	①		①	①	①	①	①	①
②	②	②	②	②		②	②	②	②	②	②
③	③	③	③	③		③	③	③	③	③	③
④	④	④	④	④		④	④	④	④	④	④
⑤	⑤	⑤	⑤	⑤		⑤	⑤	⑤	⑤	⑤	⑤
⑥	⑥	⑥	⑥	⑥		⑥	⑥	⑥	⑥	⑥	⑥
⑦	⑦	⑦	⑦	⑦	●	⑦	⑦	⑦	⑦	⑦	⑦
⑧	⑧	⑧	⑧	⑧		⑧	⑧	⑧	⑧	⑧	⑧
⑨	⑨	⑨	⑨	⑨		⑨	⑨	⑨	⑨	⑨	⑨

※결 시 확인란	결시자의 영어 성명 및 수험번호 기재 후 표기	○

※답안지 표기 방법(Marking examples)	
바른 방법(Correct)	바르지 못한 방법(Incorrect)
●	✓ ⊙ ◐ ⊗ ✗

※ 위 사항을 지키지 않아 발생하는 불이익은 응시자에게 있습니다.

※감독관 확 인	본인 및 수험번호 표기가 정확한지 확인	(인)

번호	답			란
1	①	②	③	④
2	①	②	③	④
3	①	②	③	④
4	①	②	③	④
5	①	②	③	④
6	①	②	③	④
7	①	②	③	④
8	①	②	③	④
9	①	②	③	④
10	①	②	③	④
11	①	②	③	④
12	①	②	③	④
13	①	②	③	④
14	①	②	③	④
15	①	②	③	④
16	①	②	③	④
17	①	②	③	④
18	①	②	③	④
19	①	②	③	④
20	①	②	③	④

번호	답			란
21	①	②	③	④
22	①	②	③	④
23	①	②	③	④
24	①	②	③	④
25	①	②	③	④
26	①	②	③	④
27	①	②	③	④
28	①	②	③	④
29	①	②	③	④
30	①	②	③	④
31	①	②	③	④
32	①	②	③	④
33	①	②	③	④
34	①	②	③	④
35	①	②	③	④
36	①	②	③	④
37	①	②	③	④
38	①	②	③	④
39	①	②	③	④
40	①	②	③	④

번호	답			란
41	①	②	③	④
42	①	②	③	④
43	①	②	③	④
44	①	②	③	④
45	①	②	③	④
46	①	②	③	④
47	①	②	③	④
48	①	②	③	④
49	①	②	③	④
50	①	②	③	④
51	①	②	③	④
52	①	②	③	④
53	①	②	③	④
54	①	②	③	④
55	①	②	③	④
56	①	②	③	④
57	①	②	③	④
58	①	②	③	④
59	①	②	③	④
60	①	②	③	④

번호	답			란
61	①	②	③	④
62	①	②	③	④
63	①	②	③	④
64	①	②	③	④
65	①	②	③	④
66	①	②	③	④
67	①	②	③	④
68	①	②	③	④
69	①	②	③	④
70	①	②	③	④

OMR 答案用紙(練習用)

韓国語能力試験ならびに本書および音声 mp3 の内容についてのお問い合わせは下記へ（三修社ではお答えできません）

公益財団法人韓国教育財団
〒 108-0073 東京都港区三田 2-10-6 三田レオマビル 9 階
https://www.kref.or.jp/
e-mail: topik@kref.or.jp

第 47 回＋第 52 回＋第 60 回
韓国語能力試験過去問題集〈TOPIK I〉

2023 年 6 月 10 日　第 1 刷発行

著　者　NIIED（韓国国立国際教育院）
編　集　公益財団法人韓国教育財団
発行者　前田俊秀
発行所　株式会社三修社
〒 150-0001 東京都渋谷区神宮前 2-2-22
（販売について・三修社）
TEL. 03-3405-4511　FAX. 03-3405-4522
振替口座　00190-9-72758
（内容について・韓国教育財団）
e-mail: topik@kref.or.jp
印刷製本　日経印刷株式会社
CD 製作　株式会社メディアスタイリスト

Printed in Japan　ISBN978-4-384-06062-1 C1087

三修社のホームページ
https://www.sanshusha.co.jp